Herstellung und Verlag:
BoD – Books on Demand, Norderstedt
ISBN 978-3-8482-2560-6

Tipps und Tricks vor und nach der Geburt

Widmung

Dieses Buch ist meinem Mann gewidmet, ohne den die Elternzeit mit meinem Sohn nicht möglich gewesen wäre.

Vorwort

Wie oft habe ich schon gedacht „Warum hat mir das keiner vorher gesagt?" oder „Wenn ich das gewußt hätte", weil ich erst hinterher gemerkt habe, dass ich etwas doch nicht gebraucht habe oder es unpraktisch war. Selbst als engagierte Tante weiß man beim ersten Kind vieles doch nicht. Irgendwann sagte mein Mann „schreib' doch ein Buch über Deine Erfahrungen". Dies ist nun das Ergebnis. Ich erzähle von meinen persönlichen Erfahrungen mit meinem Sohn und anderen Müttern/Vätern und deren Kindern. Sie erfahren meine eigene Meinung. Selbstverständlich kann ich keine Haftung übernehmen oder Garantien geben. Menschen sind unterschiedlich, das gilt auch schon für Babys/Kleinkinder. Entscheiden Sie einfach selbst, was für Sie nützlich ist und vergessen Sie den Rest. Viel Spaß bei der Lektüre und viel Erfolg bei der Umsetzung.

Tipps vor der Geburt

- Ein Tipp vorab, <u>erledigen</u> Sie möglichst viel vor der Geburt, da Sie da mehr Zeit haben als danach. Aber nicht alles auf den Urlaub und Mutterschutz vor der Geburt verschieben, da Sie da eventuell nicht mehr so fit sind, um alles zu erledigen. Am besten Block und Stift immer parat halten, notieren, was Sie noch erledigen wollen, dann abhaken.

- Früher sagte man, mit jeder Geburt verliert eine Frau einen <u>Zahn</u>. Kann ich nicht bestätigen. Ich habe aber auf Empfehlung meiner Zahnärztin dreimal täglich nach jeder Mahlzeit meine Zähne geputzt und vor und nach der Geburt einen Kontrolltermin gehabt.

- Kaufen Sie <u>Kleidung</u> günstig auf <u>Basaren</u> von Kindergärten ein. Sie finden in der Regel im Frühjahr für die Frühjahr-/Sommersaison und im Herbst für die Herbst-/Wintersaison statt. Die Termine finden Sie im Lokalteil Ihrer Zeitung. Auf Basaren finden Sie auch günstig Spielzeug, Hochstühle, Dreiräder und sonstiges Zubehör. Es ist bei neuer Kleidung oft schade, wenn sie nicht lang getragen oder „eingesaut" wird, wenn Sie ein Spuckkind haben. Auf Basaren können Sie auch Ihre gebrauchten Dinge wieder verkaufen.

- Achten Sie auf <u>Angebote in Supermärkten</u>. Dort gibt es regelmäßig Aktionswochen mit Kinder-, Regenkleidung, Schneeanzügen, <u>Matschhosen</u>, Schuhen, Spielzeug, Schul- und Bastelbedarf zu günstigen Preisen. <u>Schneeanzüge</u> kann ich nur wärmstens empfehlen für die kalte Jahreszeit. Regenhose und –jacke ziehe ich meinem Sohn auch gern auf dem Spielplatz an statt Matschhose, weil sie leicht zu reinigen sind.

- Achten Sie bei der Kleidung auf einen hohen <u>Baumwollanteil</u> (Ihr Kind schwitzt bei 100 % Polyester) und dass sie bequem und schnell an- und ausgezogen werden kann. <u>Latzhosen</u> sind zwar sehr süß, aber umständlich, auch wenn der Windelbereich durchgeknöpft ist. Außerdem haben Sie meist Schnallen aus Messing, die ihr Kind später in den Mund nehmen wird. Kaufen Sie keine Oberteile mit <u>Reißverschluss</u>, sie sind oft unbequem durch Ecken, die stechen. Achten Sie bei Teilen mit <u>Knöpfen</u>

darauf, dass die Knöpfe fest sitzen, sonst hat Ihr Kind sie bald im Mund.

- Kaufen Sie lieber eine <u>Kleidergröße</u> zu groß, umgeschlagene Ärmel oder Hosenbeine sind besser als zu kleine Sachen. Kaufen Sie auch die nächste und übernächste Größe auf Vorrat ein. Unglaublich aber wahr, ich habe oft von einem Tag auf den anderen gemerkt, dass ein Body nicht mehr lang genug, das T-Shirt bzw. die Ärmel zu kurz oder die Schuhe zu klein sind. Da haben Sie dann nicht immer die Zeit, sofort in die Stadt zu gehen. Ausnahme: Typische Sommer- und Winterkleidung, diese sollte nur für die kommende Saison gekauft werden, da Sie nicht wissen können, wie Ihr Kind bis zum nächsten Jahr wächst.

- Achten Sie bei Kleidung, die über den Kopf gezogen wird, wie T-Shirts, Pullis, Bodys, dass der Ausschnitt sehr <u>dehnbar</u> (z. B. Schalkragen) ist oder Knöpfe hat. Es gibt Kragen, die sehr steif sind, und dadurch unbequem zum Anziehen sind. Durch die Erinnerung an den <u>Geburtskanal</u> mögen die meisten Kinder keine Kleidung wie z. B. <u>Rollis</u>, die daran erinnert, wenn sie über den Kopf gezogen wird. Prüfen Sie generell, ob die Kleidung dehnbar ist.

- <u>Schlafanzüge</u> passen oft nicht. Sowohl bei Ein- als auch bei Zweiteilern habe ich die Erfahrung gemacht, dass er oben gut passt, die Beine aber zu lang sind. Die zweiteiligen Schlafanzüge kann man dann wenigstens getrennt tragen. Ich habe deshalb lieber einen langärmligen Body und eine <u>Gymnastikhose</u> angezogen.

- Wenn Sie <u>Mütze</u>, <u>Schal</u> und <u>Handschuhe</u> im Set kaufen, womöglich noch „one size" (eine Größe), riskieren Sie, dass z. B. die Mütze zu klein, die Handschuhe zu groß sind und nur der Schal passt. Besser getrennt kaufen. Bei der Mütze darauf achten, dass die Ohren bedeckt sind und sie unten gebunden werden kann, Kinder reißen sich gern die Mütze vom Kopf. Statt oder zusätzlich zum Schal verwende ich oft <u>Dreieckstücher</u>. Diese sind sehr praktisch, wenn Ihr Kind viel sabbert, z. B. beim Zahnen, weil dann nicht ständig das T- oder Sweatshirt nass ist und gewechselt werden muss. Am Anfang nur Fäustlinge kaufen, keine Fingerhandschuhe, es ist schwierig genug, nur den Daumen richtig reinzubekommen, wenn möglich mit einer langen Kordel, da Kinder die Handschuhe gerne abziehen und sie deshalb leicht verloren gehen. Mein Sohn hat mit 17 Monaten das erste Mal die Handschuhe freiwillig angelassen, da gab es allerdings auch nur 3° minus.

- Kaufen Sie keine <u>Lätzchen</u> mit <u>Klettverschluss</u> sondern zum Binden. Der Klettverschluss ist so ziemlich der erste Verschluss, den Ihr Kind öffnen kann, es isst dann meist ohne Lätzchen. Lätzchen sollten ziemlich groß und evtl. mit Ärmeln sein. Man kann natürlich auch ein Geschirrtuch umbinden.

- Prüfen Sie, ob Sie genügend <u>Waschlappen</u> und <u>Handtücher</u> haben. <u>Kapuzenhandtücher</u> oder später <u>Badeponchos</u> fürs Schwimmbad sind sehr praktisch nach dem Baden.

- Decken Sie sich ein mit <u>Spucktüchern</u>. Egal, ob Sie Ihr Baby irgendwo hinlegen oder auf dem Arm haben, es wird irgendwann spucken. Da ist es praktisch, wenn gleich ein Tuch zur Hand ist, damit die Unterlage oder Ihre Kleidung nicht feucht und schmutzig werden, und Sie müssen nicht jedes Mal die Decke oder Ihr T-Shirt wechseln und waschen. Als mein Sohn am Anfang noch nicht so mobil war, habe ich immer ein kleines <u>Gästehandtuch</u> unter seinen Kopf gelegt, wenn er in der Wiege, im Bett, Laufstall oder Kinderwagen lag. Er hat nämlich sehr praktisch für mich immer seinen Kopf zur Seite gedreht, wenn er auf dem Rücken lag und spuckte.

- Kaufen Sie nach Möglichkeit keine <u>Socken</u>, <u>Kniestrümpfe</u> oder <u>Strumpfhosen</u> gebraucht, sie sind meistens ausgeleiert und verfilzt oder haben Laufmaschen. Kaufen Sie Socken mit <u>Noppen</u> oder <u>Anti-Rutsch-Sohle</u>, sobald Ihr Kind laufen kann, damit es nicht ausrutscht. Hausschuhe empfehle ich erst ab dem Kindergarten, da <u>barfuß</u> laufen gesünder ist. Es ist eine Lieblingsbeschäftigung von Kindern, die Socken auszuziehen. Wenn man Pech hat, findet man nur einen wieder.

- Erkundigen Sie sich genau, was etwas neu kostet, bevor Sie es privat gebraucht kaufen. Es lohnt sich nicht, etwas gebraucht zu kaufen, wenn Sie für wenig Geld mehr etwas Neues mit Garantie kaufen können.

- Es rentiert sich meist nicht, eine Wiege zu kaufen, da Ihr Kind nur kurze Zeit darin schlafen wird. Versuchen Sie, eine zu leihen. Ich habe ein Gitterbett gekauft, das man später zum Jugendbett umbauen kann. Hat von Anfang gepasst, dadurch dass der Boden in 3 Höhen verstellbar war.

- Achten Sie beim Kauf eines Kinderwagens darauf, 1. dass die Schale herausgenommen werden kann, ist praktisch, wenn das Kind im Kinderwagen einschläft, 2. dass er später, wenn Ihr Kind sitzt, zu einem Sportwagen und danach zum Buggy umgebaut werden kann, 3. dass er leicht zusammengeklappt werden kann, wenn Sie den Kinderwagen im Auto mitnehmen müssen. Mein Mann und ich hatten fast einen Ehekrach, als wir unseren gebraucht gekauften Kinderwagen aufgebaut haben.

- Wenn Sie regelmäßig mit dem Auto unterwegs sind, brauchen Sie eine Babyschale. Es wird empfohlen, die Kinder nur für den Transportweg dort hineinzulegen/-setzen, da sie dort nicht optimal sitzen bzw. liegen. Es fällt natürlich schwer, ein schlafendes Kind dort rauszunehmen. Trotzdem sollte Ihr Kind auch daran gewöhnt sein, umgebettet zu werden.

- Ich haben meinen Sohn anfangs im Waschbecken, später in der Badewanne gebadet. Das Geld für eine Kinderbadewanne oder einen Eimer habe ich mir dadurch gespart. Ein Bad pro Woche reicht in der Regel aus.

- Kaufen Sie nicht alles für Ihr Kind selbst, macht zwar Spaß, aber es gibt in der Regel immer Leute, die noch etwas schenken wollen und dankbar für einen Tipp sind, was noch gebraucht wird.

- Kaufen Sie Windeln erst gegen Ende der Schwangerschaft, wenn Sie das ungefähre Gewicht wissen, aber nur eine Windelpackung. Legen Sie sich nicht zu viel Vorrat an, bis Sie die Windelgröße 7 – 18 kg erreicht haben. In den ersten Monaten sind die Gewichtszunahmen am größten. Achtung, wenn 2 Windelpackungen die gleiche Gewichts-Angabe haben und eine für Neugeborene ist, heißt das, dass die Beinausschnitte unterschiedlich sind. Für Neugeborene sind sie kleiner, mit der anderen Windel würde Ihr Kind „auslaufen". Es lohnt sich, bei den Windeln auch billigere Produkte zu testen. Allerdings immer nur 1 Packung kaufen, bis Sie getestet haben, welche taugt.

- Bei wundem Po kann ich Ringelblumensalbe empfehlen.

- Prüfen Sie, ob ein Fieberthermometer im Haus ist. Babys bzw. Kleinkinder haben sehr schnell erhöhte Temperatur oder Fieber, können dies aber sehr viel besser wegstecken als Erwachsene.

- Richten Sie einen festen Platz zum Windeln wechseln ein. Statt einem Wickeltisch habe ich einen stabilen Küchentisch verwendet, da kann mein Sohn später sitzen und malen oder basteln. Besorgen Sie eine Wickelunterlage. Auf meinem Tisch ist neben der Wickelunterlage Platz für neue Kleidung, eine Schachtel Feuchttücher und eine kleine Plastikkiste mit Windeln, Salbe, Babyöl, Babyhaarbürste, Kindernagelknipser, Fieberthermometer und Müllbeuteln. Achten Sie immer darauf, dass alles griffbereit ist, damit Sie beim Windelwechseln nicht weggehen müssen. Leider passiert es immer wieder, dass Kinder vom Wickeltisch fallen. Ich kann auch eine Wärmelampe über dem Wickeltisch empfehlen, wenn Sie Ihr Kind umziehen, anziehen (besonders nach dem Baden) oder massieren und die Raumtemperatur kühl ist.

- Ein Stillkissen kann ich nur empfehlen, da Ihr Kind so optimal liegt und Ihr Arm besser gestützt ist. Prüfen Sie, ob genügend Kissen vorhanden sind, um es sich gemütlich zu machen. Ich kann die mit einer Füllung aus Polystyrolkugeln empfehlen, da sich diese optimal an den Körper anpassen. Nackenhörnchen mit dieser Füllung oder Dinkel sind ebenfalls sehr angenehm.

- Irgendwann weiß man nicht mehr, wie man beim Schlafen liegen soll. Alles ist unbequem. Hierzu kann ich ein Seitenschläferkissen empfehlen, man kann prima den Bauch und ein Bein darauf lagern. Natürlich können Sie auch ein Stillkissen verwenden, erfüllt den gleichen Zweck.

- Haben Sie einen Sessel und Stuhl mit Lehne? Kann ich nur sehr empfehlen, da Sie Ihr Kind häufig auf dem Arm haben werden und Ihr Arm durch eine Lehne gut gestützt ist. Ich habe oft mit meinem Sohn auf dem Arm Mittag gegessen und mir deshalb für den Eßtisch extra einen Stuhl mit Lehne bestellt.

- Besorgen Sie sich in der Drogerie flüssige Gallseife und ein Vorwaschspray. Sie werden es brauchen. Das Vorwaschspray habe ich benutzt, wenn es durch das Stillen mal getropft hat. Ohne Vorwaschspray hatte ich immer Schatten auf dem T-Shirt. Die flüssige Gallseife in Kombination mit dem Vorwaschspray habe ich bei Flecken, die durch Brei essen oder Durchfall entstanden sind, verwendet. Einfach auftragen, auswaschen und dann in die Waschmaschine. Die meisten Flecken konnte ich damit entfernen. Karottenflecken lassen sich übrigens tatsächlich in der Sonne ausbleichen. Ich hatte dann hinterher nur Grasflecken auf dem T-Shirt meines Sohnes, weil ich den Bügel an einen Baum gehängt hatte.

- Erkundigen Sie sich im 6. Monat nach einem Schwangerschaftsvorbereitsungkurs, der nach Möglichkeit zu Fuß erreichbar sein sollte. Sie wissen ja nicht, wie fit Sie zum Schluss sind, da können Auto- oder Busfahrten dann sehr anstrengend sein. Es gibt Kurse für werdende Mütter, in der Regel mit 2 Partnerabenden, wo aber auch die Freundin mitgehen kann, oder Kurse für Paare. Wird in der Regel von der Krankenkasse gezahlt.

- Achten Sie auf die Signale Ihres Körpers während der Schwangerschaft und nach der Geburt. Setzen oder legen Sie sich hin, wenn Ihnen danach ist und teilen Sie die Hausarbeit ein. Ist natürlich leichter gesagt als getan. Jede Hebamme, die nach der Geburt ins Haus kommt, hat Verständnis dafür, dass nicht immer alles ordentlich ist.

9

- Machen Sie eine Besichtigung mit in der Klinik, in der Sie entbinden wollen. Die meisten Krankenhäuser bieten das regelmäßig an. Es hilft sehr, wenn es dann soweit ist. Machen Sie sich Gedanken über die Geburt. Ich hatte eine Wassergeburt, was für mich als Schwimmerin ideal war.

- Wenn Sie eine Hausgeburt wollen, kümmern Sie sich rechtzeitig um eine Hebamme, ergibt sich meist von selbst, wenn Sie einen Schwangerschaftsvorbereitungskurs besuchen.

- Achten Sie auf gesunde Ernährung und ausreichende Bewegung. Ich habe versucht, während der Schwangerschaft schon alles zu essen, was ich gerne esse und gesund ist, damit mein Kind es später auch ißt. Von Zigaretten, Alkohol, Drogen, Medikamenten sollten Sie in der Schwangerschaft natürlich die Finger lassen. Denken Sie daran, Ihr Kind raucht, isst und trinkt alles mit. Wenn ein Baby schon während der Schwangerschaft ständig im Koffein- oder Nikotinrausch ist, darf man sich nicht wundern, hinterher ein hyperaktives Kind zu haben.

- Ich habe mir während der Schwangerschaft nur Schwangerschaftshosen und Hosenträger gekauft, da alle Hosen trotz Bauch gerutscht sind. Wenn Sie Hosenträger nicht mögen, kaufen Sie Hosen mit Gürtelschlaufen. Beachten Sie, dass der Bauch während der Schwangerschaft druckempfindlich ist, so dass Knöpfe und Gürtel unangenehm sein können. Da ich sowieso aus Bequemlichkeit lieber T-Shirts trage, die eine Nummer zu groß sind, konnte ich ziemlich lang meine eigenen Sachen tragen. Später habe ich meinem Mann neue T-/Sweat-Shirts, Pullover und Strickjacken gekauft mit der Bemerkung, dass ich mir die Sachen kurzfristig ausleihen würde.

- Sie werden schon während der Schwangerschaft viele Ratschläge, auch von fremden Leuten und unaufgefordert, hören. Speichern Sie, was Ihnen nützlich erscheint und vergessen Sie den Rest.

- Achtung bei Ringen, die Finger sind während der Schwangerschaft oder nach der Geburt oft geschwollen.

Ich konnte meinen Ehering nach der Geburt eine Weile nicht tragen.

- Decken Sie sich ein mit 20-Liter-Müllbeuteln. Es ist tatsächlich durch die Windelberge gerechtfertigt, dass die Stadt sofort nach der Geburt für eine Person mehr Müllgebühren berechnet.

- Wenn Sie unter Verstopfung leiden, kann ich Milchzucker, gibt es in der Drogerie, empfehlen. Einfach nach Packungsanleitung in einem Glas Wasser auflösen.

- Prüfen Sie, ob Sie bequeme Schuhe haben. Im letzten Drittel der Schwangerschaft wird es Ihnen sowieso schwer fallen, sich zu bücken, Schnürsenkel sind da eine Qual. Schuhe, die man schnell an- und ausziehen kann und die sich auch eignen, später ein Kind zu tragen, ohne zu stolpern, sind jetzt angesagt.

- Gehen Sie vor der Geburt noch einmal zum Friseur, Sie werden danach lange keine Zeit dazu haben. Die typische Frisur für frischgebackene Mütter ist übrigens ein praktischer Kurzhaarschnitt oder eine schnelle Hochsteckfrisur.

- Ich habe schon während der Schwangerschaft, als ich noch mehr Zeit hatte, angefangen „auszumisten". Überlegen Sie, was Sie wirklich brauchen, woran Sie hängen. Ich habe z. B. massenweise Figuren, Dosen, also Ramsch, verschenkt und weggeworfen. Eine Sammlung, an der ich hing, habe ich nach oben geräumt und eine weitere Sammlung, ging mit der Entwicklung meines Sohnes immer ein Regalbrett höher, bis ich keinen Platz mehr hatte. Kleinteile sollten sowieso außer Reichweite sein, es dauert eine Weile, bis ihr Kind begreift, was es darf und was nicht. Aber Sie können Ihre Wohnung auch schrittweise kindersicher machen, es passiert ja nicht alles von heute auf morgen.

- Kaufen Sie sich eine große Tasche, in der auch Windelsachen, Flasche, etc. Platz haben. Es ist sehr unpraktisch, wenn Sie immer eine Hand- und eine Windeltasche mitschleppen müssen. Ich habe mir eine

Laptop-Tasche geholt, da mir die vielen Fächer und Innentaschen gefallen haben.

- Genießen Sie den <u>Urlaub/Mutterschutz</u> vor der Geburt, so ruhig wird es lange nicht mehr sein. Ab dem 2. Kind ist Ruhe und Schonung vor oder nach der Geburt meist schwierig zu realisieren.

- Klären Sie rechtzeitig, wer bei der <u>Geburt</u> dabei sein soll. Fragen Sie eine Freundin, wenn Ihr Partner nicht sicher ist, ob er die Geburt duchsteht. Mein Mann hat mir bis zum Schluss nicht sagen können, ob er dabei sein will, hat dann aber doch tapfer durchgehalten, als es dann soweit war.

- Kaufen Sie statt einem <u>Babytagebuch</u> lieber einen schönen Aktenordner. Der vorgegebene Platz für Eintragungen und Bilder reicht nie. Ich habe mein Babytagebuch auseinandergenommen, die Seiten in einen Aktenordner, zwischendrin DIN A4 Papier zum Schutz in Prospekthüllen. Das Papier habe ich beschrieben oder mit Glückwunschkarten und Fotos beklebt. Sie werden zwar nicht viel Zeit haben, das Tagebuch zu führen, aber im ersten Lebensjahr Ihres Kindes gibt es die größten Entwicklungssprünge. Leider vergisst man oft sehr viel, was sehr schade ist.

- Kaufen Sie genügend <u>Fotoalben</u>, aber Einsteck-Alben. Fotos einstecken ist zeitsparender als sie einzukleben mit Klebestift oder Fotoecken. Machen Sie sich später die Mühe, regelmäßig Fotos einzusortieren, wenn es ein riesiger Stapel ist, den Sie erst sortieren müssen, macht es keinen Spass mehr. Lassen Sie sich auch während der Schwangerschaft regelmäßig fotografieren, über diese Fotos wird sich auch Ihr Kind später freuen. Kopieren Sie die <u>Ultraschallbilder</u>, wenn sie auf Thermopapier gemacht wurden, da sie sonst irgendwann verblassen.

- Denken Sie an eine <u>Kindersicherung</u>, wenn Sie sich eine neue Waschmaschine, Trockner, etc. kaufen wollen.

- Besorgen Sie sich schon die notwendigen Formulare für <u>Kinder- und Elterngeld</u>. Sie sind sehr zeitaufwendig. Nach der Geburt werden Sie dafür nicht mehr so viel Zeit haben und müssen so nur noch die wenigen Daten nach der Geburt nachtragen.

- Richten Sie ein paar Wochen vor dem errechneten Geburtstermin eine Tasche fürs <u>Krankenhaus</u> mit Kleidung für sich und Ihr Baby. Die <u>Babysachen</u> in Größe 56 und 62 (Body, Strampelanzug, Jacke, Socken, Mütze). Da mein Sohn bei der Geburt 4,2 kg wog, war ihm die Kleidergröße 56 fast zu eng. Wenn es losgeht, sollten Sie nur noch schnell Ihren Kulturbeutel mit Waschutensilien, Zahnbürste und Geldbeutel mit <u>Krankenversichertenkarte</u> und Ausweis richten und einpacken müssen.

- Erstellen Sie eine <u>Telefonliste</u> mit den Menschen, die nach der Geburt informiert werden sollen. Verwandte, Freunde, Hebamme wegen der Nachbetreuung, Arbeitgeber. Ich habe vorab schon E-Mails geschrieben und als Entwurf gespeichert, wo ich nach der Geburt nur noch Geburtstag, Gewicht und Größe eingetragen habe. Ab dem 2. Kind sollte auf der Telefonliste dann auch stehen, wer sich um die Kinder kümmert, wenn man in die Klinik geht.

Tipps nach der Geburt

- Machen Sie 3 Wochen „Flitterwochen" mit Ihrem Baby und Partner nach der Geburt, in der Besuche tabu sind. Vorher bereits ankündigen. Sie brauchen diese Zeit, um sich auf die neue Situation einzustellen. Außerdem werden Sie sehr müde sein. Besuch strengt an und ist nicht immer rücksichtsvoll.

- Tragen Sie Ihr Kind immer aufrecht, wie zum Bäuerle machen. Wenn Sie es seitlich tragen, kann es passieren, dass es sich den Kopf am Türrahmen oder Geländer stösst.

- Ein Babyphone ist sehr nützlich, wenn Sie sich nicht im selben Raum aufhalten wie Ihr Kind und hören wollen, wenn es schreit. Es gibt auch Modelle mit Sprechfunktion. Sie können Ihrem Kind dann sagen, dass Sie unterwegs sind und es durch Ihre Stimme beruhigen, bis Sie tatsächlich bei ihm sind.

- Nehmen Sie immer wenigstens eine Ersatzwindel, ein wiederverschließbares Paket Feuchttücher, eine kleine Tüte für die Entsorgung, ein Spucktuch und evtl. Ersatzkleidung mit, wenn Sie weggehen. Babys sind unberechenbar, Sie wissen nie, wann sie in die Windel machen oder spucken.

- Fast jede Mutter scannt den Raum, den sie betritt, auf potentielle Gefahren für ihr Kind. Kann das Kind runterfallen, etwas auf das Kind fallen, ist ein Haustier vorhanden, stehen Türen oder Fenster offen, liegen eckige oder scharfe Dinge in Reichweite, etc.? Mit der Zeit sind Sie darin sehr geübt.

- Wenn Sie Ihr Kind zweisprachig erziehen wollen, sollten Sie das von Anfang an tun, am besten mit einer zweiten festen Bezugsperson. Dann aber konsequent die betreffende Sprache mit dem Kind sprechen, damit es nicht durcheinander kommt. Wichtig finde ich dabei, dass die Sprache, die man dem Kind beibringt, die Muttersprache ist. Ein falscher Akzent oder sonstige grammatikalischen

Fehler sind sonst eventuell schwer zu korrigieren. Übrigens: Ein Dialekt gilt auch als zweite Sprache.

- Zeit ist relativ. Wir haben alle einen 24-Stunden-Tag. Es ist die Entscheidung von jedem selbst, was ihm/ihr wichtig ist, ob nun Familie, Kinder, Beruf, Hobbys oder andere Dinge. Sie setzen jetzt Ihre Prioritäten. Es macht keinen Sinn, wenn eine Mutter zu Hause bleibt und unzufrieden ist, weil sie einen tollen Job aufgegeben hat. Wenn es der Mutter gut geht, geht es auch dem Kind gut. Es ist alles eine Frage der Organisation.

- Setzen Sie sich nicht selbst unter Zeitdruck bei Verabredungen, indem Sie eine konkrete Zeit ausmachen. Sagen Sie immer z. B. ca. 10.00 – 10.30. Es kommt doch immer etwas dazwischen, dass man nicht immer pünktlich sein kann. Mütter mit Babys haben dafür immer Verständnis.

- Besuch verhält sich unterschiedlich. Manche Menschen haben Angst, etwas falsch zu machen, und scheuen sich deshalb, ein Baby auf den Arm zu nehmen, obwohl es ja nur wichtig ist, dass der Kopf gestützt wird. Anderen sind Babys lieber als Kleinkinder, da man sie einfach nur auf dem Arm hält. Wieder anderen sind etwas größere Kinder lieber, mit denen man sich schon beschäftigen kann. Es kann natürlich auch mit dem Alter zusammenhängen, dass jemand noch kein oder nicht mehr so viel Interesse für Babys und Kleinkinder hat. Also nicht persönlich nehmen.

- Die Weltgesundheitsorganisation (WHO) empfiehlt, Kinder ein halbes Jahr voll zu stillen. Es ist das Beste für die Abwehrkräfte und das Immunsystem Ihres Kindes. Egal, ob Sie nach der Geburt noch im Krankenhaus oder schon zu Hause sind, seien Sie nicht frustriert, wenn es mit dem Stillen nicht auf Anhieb klappt, Ihr Kind nur etwas nuckelt und dann gleich wieder einschläft. Es ist genauso fix und fertig nach der Geburt wie wahrscheinlich Sie selbst. Es dauert sowieso ein paar Tage, bis die Milch einschießt. In der Zeit können Sie (hoffentlich in aller Ruhe) üben. Mein Sohn mußte beim Stillen immer durch Streicheln animiert werden, damit er nicht gleich einschläft, sonst hätte er nur kurz geschlafen, weil er wieder hungrig war. Überlegen Sie sich vorher, ob Sie beim Stillen Dritte dabei haben wollen. Beim Stillen besteht eine sehr innige Beziehung zwischen Mutter und Kind, wo Sie vielleicht lieber allein sein wollen, um den Augenblick zu genießen. Ich habe beim Stillen, wenn Besuch da war, den Raum verlassen, da ich immer versucht habe, mich beim Stillen auszuruhen, teilweise konnte ich dabei sogar schlafen. Geht natürlich nicht mehr so einfach ab dem 2. Kind. Ich habe die Erfahrung gemacht, dass Mütter, die lang gestillt haben, dazu raten, dies auch zu tun. Während Mütter, die nur kurz oder gar nicht gestillt haben, dem Stillen eher negativ gegenüber stehen. Selbstverständlich gibt es auch Fälle, wo das Stillen nicht möglich ist. Schade nur, wenn es durch Rauchen nicht klappt, weil die Milch dann nicht reicht.

- Die beiden häufigsten Fragen, die Sie jetzt hören werden, sind: Wird er/sie alle 4 Stunden gestillt? Scheint in irgendeinem Lehrbuch so zu stehen, ich bin nie nach 2 oder 3 Stunden gefragt worden. Schläft er/sie schon durch? Mein Sohn war von Anfang an der Genießertyp, der gern 1 – 2 Stunden am Stück getrunken hat. Nach der Babymassage konnten es auch mal 3 Stunden sein. Eine Nacht, nachdem die Milch eingeschossen war, hat er einen Stillmarathon veranstaltet und wollte alle 1 – 2 Stunden wieder so lang trinken. Ich kenne aber auch Kinder, die nach einer Viertel Stunde wieder für 3 Stunden zufrieden waren. Die Ess-/Trink- und Schlafgewohnheiten sind eben nicht nur bei Erwachsenen unterschiedlich. Auf diese Themen komme ich später noch einmal zurück.

- Wichtig: Solange der Kinderarzt mit Ihrem Kind zufrieden ist, ist auch alles in Ordnung. Lassen Sie sich nicht verunsichern, es wird immer jemanden geben, der sagt, Ihr Kind sei zu dick oder zu dünn. Mein Sohn war bei der Geburt mit 4,2 kg überdurchschnittlich schwer, mittlerweile liegt er im Durchschnitt, da er einen Schuß in die Höhe gemacht hat. Wenn Sie ihn einen Tag erleben könnten, wüßten Sie, warum er seinen Babyspeck recht schnell verloren und wahrscheinlich nie neuen Speck anlegen wird, da er ein überaus aktives Kerlchen ist.

- Da ich nach der Geburt morgens oft erst sehr spät dazu gekommen bin mich anzuziehen, habe ich statt Nachthemd oder Schlafanzug lieber Gymnastikhose und T-Shirt angezogen. Sofern Sie noch dazu gekommen sind, sich die Haare zu kämmen, merkt ein Besucher nicht, dass Sie noch nicht richtig angezogen sind.

- Kinder entwickeln sich unterschiedlich. Treten Sie nicht in Konkurrenz mit anderen Müttern und lassen Sie sich nicht unter Druck setzen von Verwandten, Bekannten, Freunden, die meinen, dass Ihr Kind schon dieses oder jenes können müsste. Viele haben sowieso vergessen, wann ihr Kind was gemacht hat. Das eine Kind ist motorisch weiter, das andere sprachlich, das regelt sich von allein.

- Ich habe meinen Sohn von Anfang überall hin mitgenommen, Arzt, Friseur, etc., ist meist praktischer, als jedes Mal einen Babysitter zu suchen und das Kind gewöhnt sich daran, dass es auch mal warten oder ruhig sein muss, die Mutter ist ja schließlich in der Nähe.

- Wenn Sie viel mit dem Auto unterwegs sind und selten Spaziergänge machen mit Ihrem Kind, dürfen Sie sich nicht wundern, wenn es nicht gern lang im Kinderwagen bleibt. Mein Sohn ist es gewohnt, auch mal 2 – 3 Stunden im Kinderwagen beim Einkaufen oder bei einer Unternehmung dabei zu sein. Zwischendurch bekommt er etwas zu essen und zu trinken oder darf mal eine Weile selbst laufen, dann geht es wieder in den Kinderwagen.

- Achten Sie von Anfang an darauf, dass Ihr Kind feste Schlafplätze hat. Mein Neffe war so ein Kandidat, der immer nur auf dem Arm schlafen wollte und sofort aufgewacht ist, wenn man ihn hingelegt hat. Für einen Besuch ist so etwas ganz nett, für Sie als Mutter aber sehr anstrengend. Achten Sie auch darauf, dass Ihr Kind nicht nur im Dunkeln, sondern auch mal halbdunkel oder bei Helligkeit schläft. Wenn Ihr Kind nur komplette Dunkelheit gewohnt ist, könnte es ein Problem geben, wenn es z. B. im Urlaub mal nicht ganz so dunkel ist oder in der Sommerzeit, wenn es später dunkel wird. Wenn Ihr Kind gewohnt ist, dass immer eine Lampe beim Einschlafen brennt, kann es ein ähnliches Problem geben, nämlich, dass es ohne dieses Licht gar nicht schlafen will. Ein weiterer wichtiger Punkt sind feste Schlafzeiten. Wenn Sie merken, dass Ihr Kind immer zu einer bestimmten Zeit müde ist, versuchen Sie, es immer zu dieser Zeit hinzulegen.

- Verwenden Sie von Anfang an einen Schlupf- oder Schlafsack. Da viele Kinder nachts oft die Position ändern, sind sie sonst nicht zugedeckt. Auch hier auf einen hohen Baumwollanteil achten, besonders beim Innenfutter. Achtung, wenn Sie einmal mit einer Decke anfangen, kriegen Sie Ihr Kind nicht mehr in einen Schlafsack hinein. Mein Sohn hat sich bei diesem Versuch mit Händen und Füßen schreiend gewehrt, so dass ich aufgegeben habe.

- Gewöhnen Sie Ihr Kind von Anfang an daran, regelmäßig in einem Laufstall zu sein, sofern Platz dafür da ist. Sonst geht es später nicht mehr rein. Bei mir stand der Laufstall in der Küche vor der Badezimmertür. Mein Sohn war von Anfang an gewöhnt, mir beim Duschen, der Küchenarbeit oder beim Essen zuzuschauen. Später hat er dann in seinem Laufstall gefrühstückt und gespielt, während ich geduscht, gegessen oder gearbeitet habe. Er ist auch oft aus Sicherheitsgründen im Laufstall, damit ich z. B. mal aufs WC kann ohne Angst haben zu müssen, dass er beim Klettern fällt. Wenn er etwas angestellt hat, kommt er zur Strafe in den Laufstall, bis ich wieder Ordnung geschaffen habe. Der Laufstall ist aber trotzdem nicht unangenehm für ihn.

- Auch die berühmten Drei-Monats-Koliken sind irgendwann vorbei. Kirschkernkissen, Wärmeflasche, Massage und zusätzliche Streicheleinheiten helfen etwas.

- Lassen Sie 5 auch mal gerade sein, keiner kann von Ihnen als frischgebackener Mutter erwarten, dass Ihr Haushalt immer tipptopp ist, vor allem nicht, wenn Geschwister vorhanden sind. Scheuen Sie sich auch nicht, Hilfe anzunehmen.

- Fangen Sie ca. 8 Wochen nach der Geburt mit der Rückbildungsgymnastik an, sofern es keine gesundheitlichen Probleme gibt. Es tut Ihnen gut und Sie können sich mit anderen Müttern austauschen. Die Krankenkasse zahlt in der Regel 10 Stunden.

- Häufiges Wasserlassen, Senkung der Organe, Inkontinenz sind übrigens keine typischen Probleme von alten Frauen. Kann auch nach der Geburt ein Problem geworden sein. Hier kann ich einen Kurs für Beckenbodengymnastik empfehlen. Die meisten Krankenkassen beteiligen sich an solchen Kursen.

- Versuchen Sie generell, auch immer etwas für Ihr Wohlbefinden zu tun, ob Sie sich nun eine Schokolade gönnen, habe ich immer beim Stillen nebenher gegessen, da ich anfangs oft keine Zeit zum Frühstück machen hatte, sich schminken, die Haare richten oder Schmuck anlegen. Seien Sie nicht frustriert, wenn Sie nicht gleich nach der Geburt wieder schlank sind. Mein Mann sagte damals nach der Geburt, ich sehe aus wie im 5. Monat. Mir ging es ähnlich mit anderen Müttern, da man wirklich nicht genau sehen kann, ob eine Frau schwanger oder frisch gebackene Mutter ist. Lieber diplomatisch sein, bevor man ins Fettnäpfchen tritt.

- Ich habe mir einen Fahrradtrainer gekauft, um zu Hause Sport machen zu können. Gibt es meist im Angebot in Supermärkten im Januar, wenn alle den Weihnachtsspeck loswerden wollen. Seien Sie nicht enttäuscht, wenn Sie anfangs, frühestens 2 Monate nach der Geburt allerdings, schon nach weniger als 5 Minuten schlapp machen. Obwohl ich vor der Schwangerschaft jeden Tag zum Schwimmen gegangen bin, habe ich auch eine ganze Weile gebraucht, bis ich wieder fit und sportlich war. Überlegen Sie sich, welche Sportart Ihnen gefallen könnte.

- Versuchen Sie von Anfang an Ihren Partner, Mutter oder Freundin in die Betreuung mit einzubeziehen, um sich selbst Freiraum zu schaffen.

- Sie entscheiden, wie mit Ihrem Kind umgegangen wird, denn Sie kennen es am besten. Stellen Sie klare Regeln auf und wehren Sie sich, Ihr Kind kann dies (noch) nicht tun. Es gibt nun mal leider Leute, die meinen, alles besser zu wissen, weil sie älter sind oder schon Kinder/Enkel haben.

- Süßigkeiten sind später ein sehr beliebtes Mitbringsel, sind aber vollkommen unangebracht, wenn Sie noch voll stillen, gerade angefangen haben mit dem Zufüttern oder einfach so vor den Hauptmahlzeiten Frühstück, Mittag- und Abendessen verabreicht werden. Also rechtzeitig Verwandte, Bekannte, Freunde informieren, wenn Sie diesbezüglich konkrete Vorstellungen haben.

- Denken Sie immer daran, Ihre eigene Stimmung, egal ob Sie fröhlich, traurig, wütend, etc. sind, überträgt sich auf Ihr Kind. Wenn Sie z. B. sowieso schon genervt sind, weil Ihr Kind absolut nicht schlafen will, wird sich die Situation erst Recht hochschaukeln. Lieber kurz den Raum verlassen, um zur Ruhe zu kommen. Optimal ist natürlich, wenn es jemanden in der Nähe gibt, der das Kind dann mal übernehmen kann.

- Ich hatte das Glück, vor allem durch meinen Mann, 3 Jahre Elternzeit nehmen zu können. Die ersten 3 Jahre sind meiner Meinung nach die wichtigsten im Leben eines Kindes, da Sie da den Grundstein für eine gute Erziehung setzen. Ab Kindergarten und Schule gibt es andere Einflüsse, da sollte Ihr Kind schon einen eigenen Charakter haben. Wenn Sie gleich wieder arbeiten müssen aus finanziellen Gründen oder wollen, bevor der Job und die Karriere weg sind, sind Sie nicht automatisch eine schlechte Mutter, auch wenn das in der Öffentlichkeit oft so dargestellt wird. Wichtig ist nicht die Quantität der Zeit, sondern die Qualität, die Sie mir Ihrem Kind verbringen.

- Die Erziehung Ihres Kindes haben Sie selbst in der Hand. Als mein Sohn angefangen hat, selbst zu essen, habe ich ihm immer gesagt, dass er mir das Essen zurückgeben oder es auf den Küchentisch legen soll, wenn er nicht mehr will. Natürlich hat er es auch oft einfach auf den Boden geworfen, aber meistens macht er es jetzt.

- Das Buch ist zwar voll mit Tipps, das heißt aber nicht, dass bei mir immer alles glatt gelaufen ist. Es ist menschlich, in Stress-Situationen auch mal nicht konsequent zu sein, was aber wichtig ist, um Ihr Kind an feste <u>Regeln</u> zu gewöhnen. Generell kann ich nur empfehlen, auf Ihr Gefühl zu hören, da Mütter meist einen guten <u>Instinkt</u> haben, was das Beste für Ihr Kind ist. Wann immer ich versucht habe, den Tipp einer anderen Mutter umzusetzen, ohne davon <u>überzeugt</u> zu sein, bin ich gescheitert. Kinder spüren diese Unsicherheit. Wenn ich den Tipp auf meinen Sohn angepasst habe und davon überzeugt war, hatte ich Erfolg.

Entwicklung meines Sohnes in den ersten 1 ½ Jahren

16.06.06: Geburt um 0.33, eine Schnapszahl. Wie mir mein Mann hinterher erzählt hat, hoffte er kurz vor Mitternacht am Vortag, dass ich noch „durchhalte", damit er sich den Geburtstag besser merken kann. In den ersten Wochen hat er so wie wahrscheinlich alle Kinder abwechselnd geschlafen und getrunken.

17.06.06: Hält schon einen Finger fest, den man ihm hinhält, und schaut etwas an.

18.06.06: Hebt sein Köpfchen an, wenn er bei uns auf dem Bauch liegt.

19.06.06: Wird von Anfang an regelmäßig an meine Brust angelegt. Ich zweifle, ob auch Vormilch rauskommt. Beim Mittagessen habe ich ihn auf dem Arm, plötzlich hat er den Mund voller Milch und verschluckt sich, die „richtige" Milch ist eingeschossen.

23.06.06: Sein erster Stuhlgang nach dem Milcheinschuss. Windel, Body, Schlupfsack, Handtuch, alles ist voll.

25.06.06: Sein Nabel fällt ab.

26.06.06: Wird das erste Mal im Waschbecken gebadet. Gefällt ihm gar nicht, deshalb schreit er wie am Spieß.

27.06.06: Wir gehen das erste Mal in die Stadt zum Einkaufen. Er ist die ganze Zeit brav in seinem Kinderwagen. Zum Schluss quengelt er, weil er Hunger hat.

Tipp: Die beste Zeit für Einkäufe war für mich immer nach dem Stillen, da mein Sohn danach immer geschlafen hat.

29.06.06: Nach nicht mal 2 Wochen haben mein Mann und ich schon festgestellt, dass er mehr auf Geräusche reagiert, Laute von sich gibt, aufmerksamer ist und mit dem Köpfchen folgt. Die Hebamme hat ihn nach dem Stillen mit einer Kaffeebohne verglichen, weil der Bauch diese Form hatte. Zwei Filme sind schon voll und werden zum Entwickeln abgegeben.

03.07.06: Zieht sich an den Haaren.

05.07.06: Versucht sich im Stubenwagen zu drehen, klappt aber noch nicht.

10.07.06: Lächelt oder verzieht das Gesicht, wenn ihm etwas nicht passt.

16.07.06: Reißt seinem Papa die Brille runter und macht 3 Fingerabdrücke auf die Gläser. Fettflecken auf unsere Brillengläser zu machen ist nach wie vor seine Spezialität.

19.07.06: Beim Windelwechseln setzt er einen Haufen auf die neue Windel und pieselt oben drüber. Kinder aus seiner Krabbelgruppe pieseln in hohem Bogen auf den Boden oder Teppich. Mein Sohn hatte Gott sei Dank keinen so großen Radius.

31.07.06: Fängt an zu babbeln und folgt mit dem Kopf, wohin ich gehe.

04.08.06: Wiegen einer leeren Windel (26 Gramm) und 2 voller: 119 (halbe Leistung) und 252 Gramm (volle Leistung).

13.08.06: Reibt sich die Augen.

16.08.06: Der geliehene Stubenwagen wird abgebaut, da er sich mittlerweile darin langweilt und lieber auf seiner Krabbeldecke liegt.

Tipp: Krabbeldecken sind zwar süß, aber teuer und ziemlich schnell zu klein. Sobald Ihr Kind mobiler wird, liegt es sehr schnell neben der Decke auf dem Boden. Kaufen Sie lieber eine Woll- oder Fleecedecke, ist größer und günstiger und Ihr Kind kann die Decke später zum zudecken verwenden.

23.08.06: Der Metzger fragt, ob er eine Wurst möchte. Weil er schon so groß ist, wird er immer älter geschätzt.

29.08.06: Fängt an, nach Dingen zu greifen, sie festzuhalten, schaut hinterher, schläft weniger, ist nicht mehr so gern bei jemandem auf dem Arm, weil er auf der Krabbeldecke mehr Bewegungsfreiheit hat, mit den Armen zu rudern oder mit den Beinen zu strampeln, wischt sich den Mund ab, nimmt die ganze Faust in den Mund.

30.08.06: Hört beim Vorlesen von Märchen zu und schaut zu mir rüber.

31.08.06: Heute ist ein Treffen mit den Müttern der Schwangerschaftsgymnastik und unseren Kindern. Dabei beschließen wir, eine Krabbelgruppe zu gründen und uns einmal die Woche privat zu treffen.

Tipp: Da die Zeiten, wo Kinder einfach auf die Straße gehen konnten und sofort Spielkameraden gefunden haben, vorbei sind, sollten Sie schon in der Schwangerschafts- oder später in der Rückbildungsgymnastik Kontakte knüpfen. Ich habe einfach alle Mütter, die mir sympathisch waren, eingeladen und eine Krabbelgruppe, später eine Spielegruppe organisiert. Seien Sie nicht enttäuscht, manche Kontakte verlaufen schnell wieder im Sand, andere Kontakte bleiben und Sie haben in den Eltern vielleicht neue Freunde gefunden und Ihr Kind Spielkameraden.

04.09.06: Legt den Kopf zur Seite beim Spucken, wenn er auf der Krabbeldecke liegt, so dass er nur die Decke schmutzig macht und nichts schluckt. Zwirbelt sich die Haare ins Gesicht, so dass er aussieht wie Napoleon.

07.09.06: Streckt mir die Arme entgegen.

11.09.06: Wird das erste Mal im Tragegurt mitgenommen. War mir persönlich angenehmer als ein Babytragetuch, da ich dort immer den Eindruck hatte, mein Sohn kriegt keine Luft. Außerdem ist der Gurt schneller angelegt als das Tuch oder einfach bequemer.

Tipp: Manche Hebammenpraxen leihen Babytragetücher, Milchpumpen, etc. aus. Apotheken verleihen auch Milchpumpen oder Babywaagen. Erkundigen Sie sich.

21.09.06: Zieht sich selbst die Socken aus.

22.09.06: Dreht sich fast ganz auf die Seite.

25.09.06: Zieht mir kräftig an den Haaren. Reißt leider nur die braunen, nicht die weißen raus. Zieht sich die Decke über den Kopf.

26.09.06: Ich lese ein Buch über PEKiP (= Prager-Eltern-Kind-Programm) und mache Übungen mit meinem Kind. Er folgt Spielzeug mit den Augen, greift nach Dingen und macht Bewegungen wie beim Fahrradfahren.

Tipp: Es gibt verschiedene Meinungen hierzu, in wieweit man sein Kind fördern oder der Entwicklung freien Lauf lassen soll. Erstaunlich ist, was Kinder „plötzlich" alles können, ohne, dass es ihnen jemand gezeigt hat, wie z. B. das Drehen auf die Seite. Es muss also doch eine Art inneres Programm geben. Ich glaube, dass man nicht versuchen sollte, diese Entwicklung zu beschleunigen, aber man kann sich mit seinem Kind beschäftigen, es anregen und auch mal einfach nur zuschauen, was es macht. Ist vor allem später wichtig, damit Ihr Kind sich auch allein beschäftigen kann. Sie haben ja nicht immer Zeit, sich mit ihm zu beschäftigen.

27.09.06: Die Bauchlage klappt immer besser.

28.09.06: Greift mit beiden Händen und hält seine Beißringe fest.

01.10.06: Ich gehe das erste Mal in die Kirche mit ihm.

Tipp: Wenn Ihnen das wichtig ist, gehen Sie regelmäßig in die Kirche, damit Ihr Kind den Gottesdienst von Anfang an gewohnt ist und nicht später bei der Kommunion oder Konfirmation mault „muss ich schon wieder in die Kirche?". Mein Sohn hat den Gottesdienst meistens verschlafen auf meinem Arm, mittlerweile knabbert er Knäckebrot während des Gottesdienstes und läuft herum. Es gibt auch spezielle Kindergottesdienste, die allerdings meist nicht wöchentlich sind. Außerdem lernen Sie dort Menschen aus Ihrem Wohngebiet kennen.

04.10.06: Geht das erste Mal in die Babymassage.

Tipp: Meinem Sohn hat die <u>Babymassage</u> von Anfang an sehr viel Spaß gemacht und ich hatte auch den Eindruck, dass er dadurch in seiner motorischen Entwicklung gefördert wurde. Er fing z. B. nach einer Massage an, immer den Bauch anzuheben. Anfangs habe ich ihn auch abends beim Umziehen fast immer massiert. Mittlerweile ist er allerdings zu aktiv und hält nicht mehr still für die Massage. Es gibt dann nur nach dem wöchentlichen Bad eine Blitzmassage, wenn ich ihn einöle.

08.10.06: Hebt seinen Kopf ganz nach oben.

09.10.06: Macht ein Hohlkreuz, stößt sich mit den Füßen ab und robbt nach hinten. Bleibt nicht mehr dort liegen, wo man ihn hingelegt hat.

10.10.06: Zieht seinen Ärmel bis über die Hand, um am Ellenbogen des Ärmels zu sabbern.

11.10.06: Schläft das erste Mal ca. 6 Stunden am Stück. Hat gemerkt, dass es einen drehbaren Teil an seiner Rassel gibt. Ist mir durch das Geräusch aufgefallen, dass es beim Drehen gibt.

Tipp: Lassen Sie sich nicht <u>verunsichern</u>, wenn andere Kinder schon früher länger <u>durchschlafen</u>. Bei Stillkindern dauert es sowieso länger, bis sie durchschlafen, weil der Kontakt mit der Mutter ja ein Grund ist, aufzuwachen. Gehen Sie nicht gleich hin und machen das Licht an, wenn Ihr Kind sich meldet. Mein Sohn „meckert" nachts oft ein- bis zweimal, beruhigt sich dann wieder und schläft weiter. Wenn ich im Dunkeln mit ihm gesprochen habe, um ihn zu beruhigen, ist er anfangs immer aufgewacht und wollte auf den Arm. Mittlerweile lässt er sich beruhigen, wenn ich nur mit ihm spreche. Ich sage dann immer dasselbe zu ihm <u>„Mama ist da, leg' dich wieder hin und schlaf"</u>. Vielleicht hat er nur schlecht geträumt, den Grund erfährt man ja nie. Mein Sohn hat erst mit 16 Monaten wirklich regelmäßig durchgeschlafen. Zeitweise hat er tagsüber gar nicht geschlafen. Schließlich haben auch Erwachsene unterschiedliche Schlafgewohnheiten.

12.10.06: Schläft 8,5 Stunden durch. Greift nach einem Spielzeug, hebt es hoch und spielt damit.

19.10.06: Hat das erste Lieblingsspielzeug, ein paar Stofftiere.

Tipp: Achten Sie beim Kauf von <u>Stofftieren</u> darauf, dass sie weich und beweglich sind, dass die Augen fest sitzen und keine Kleinteile dabei sind, die ihr Kind verschlucken könnte. Vorsicht, wenn Spielzeug riecht, sie sollten sowieso alles vorher waschen, da Kinder alles in den Mund nehmen. Sobald ein Kind ein <u>Lieblingsstofftier</u> hat, kann man aufhören, weitere zu kaufen, da diese meistens uninteressant sind.

25.10.06: Beim Besuch fällt auf, dass sich die Kinder nicht für einander sondern für die anderen Mütter interessieren.

28.10.06: Spielt beim Baden das erste Mal mit einer Wasserente.

Tipp: Mit Badetieren, die spritzen können, Gießkanne, Eimer, Wasserrad macht das <u>Baden</u> noch viel mehr Spaß.

30.10.06: Dreht sich um 90° auf seiner Krabbeldecke. Klingt, als ob er singt.

31.10.06: Dreht sich um 180°.

01.11.06: Lacht, als ich ihm „Rock me baby" von George Mc Crae vorsinge.

02.11.06: Weint, als sein Papa geht und „ada" sagt. Scheint es jetzt zu verstehen, wenn jemand geht.

04.11.06: Ist bei seinem Papa auf dem Arm, wenn die Aquarienfische gefüttert werden.

Tipp: Lassen Sie Ihr Kind nach Möglichkeit einfach an Ihren <u>Hobbys</u> teilnehmen. Vielleicht entwickelt es ja ähnliche Interessen. Mein Sohn hilft seinem Vater mittlerweile beim Wasserwechsel, d. h. er planscht in den Eimern und spielt mit den Schläuchen.

06.11.06: Streckt seinem Papa den Arm hin und gibt ihm die Hand.

08.11.06: Da er sich für Dinge, die über ihm hängen interessiert, kaufen wir ihm eine Spielestraße.

09.11.06: Zieht an der Schnur der Spieluhr, die an der Spielestraße aufgehängt ist.

12.11.06: Lässt sich das erste Mal in den Schlaf singen.

Tipp: Lieder <u>vorsingen</u> gefällt fast allen Kindern, eignet sich auch hervorragend als <u>Schlafritual</u>, immer dasselbe Lied vorzusingen.

13.11.06: Fasst mich gezielt im Gesicht an.

14.11.06: Da der Babymassagekurs vorbei ist, besuche ich das erste Mal die <u>Spielegruppe</u> meiner Gemeinde. Mein Sohn ist der Zweitjüngste und hat noch nicht viel davon, aber ich lerne neue Leute kennen und kann Erfahrungen austauschen.

Tipp: Erkundigen Sie sich bei Ihrer Gemeinde, ob es eine <u>Spielegruppe</u> gibt. Viele stellen die Räumlichkeiten dafür zur Verfügung, ohne dass Sie in der Kirche sein müssen oder beim Treffen mit Gottesdiensten rechnen müssen. Es ist einfach nur ein Treffpunkt für Mütter oder Väter mit ihren Kindern von 0 bis 2 Jahre. Am Anfang ist der Austausch mit anderen Müttern/Vätern interessant für Sie, später wird es auch für Ihr Kind interessant, wenn es mit anderen spielen kann.

16.11.06: Ich habe die Mütter von der Babymassage zu einem Krabbelgruppentreffen bei mir eingeladen. Wir tauschen uns aus, während unsere Kinder auf einer großen Decke liegen. Damit habe ich zweimal Krabbel- und einmal Spielegruppe die Woche und kann wunderbar Erfahrungen austauschen.

Tipp: Es klingt zwar nach <u>Stress</u>, wenn man regelmäßig <u>Termine</u> mit anderen Müttern und Kindern hat, in Wahrheit ist es <u>Erholung</u>, die Kinder sind beschäftigt und man selbst kann sich unterhalten.

17.11.06: Fühlt sich richtig wohl auf dem Arm vom Freund seines Vaters. Deshalb wünsche ich mir ihn als Taufpaten.

Tipp: Suchen Sie sich <u>Taufpaten</u> für Ihr Kind, mit denen Sie regelmäßig Kontakt haben und die in der Nähe wohnen. Es macht keinen Sinn, Verwandte auszuwählen, mit denen man sich nicht versteht oder Leute, die man nur ab und zu sieht, weil sie weit weg wohnen. Schließlich soll Ihr Kind neben dem kirchlichen Hintergrund zusätzlich zu den Eltern weitere Wegbegleiter bekommen.

20.11.06: Macht mit seiner Spucke und Lippe Geräusche.

21.11.06: Freut sich, wenn gesungen wird. Interessiert sich für fremdes Spielzeug.

24.11.06: Greift nach allem. Ich muss aufpassen, wenn ich etwas trinke, während mein Sohn auf dem Arm ist. Die Zeitung ist auch total interessant für ihn und wird gern in den Mund genommen.

27.11.06: Ich lasse mich beim Deutschen Roten Kreuz auf eine Warteliste setzen für einen Erste-Hilfe-Kurs für Kinder und melde meinen Sohn bereits für eine Spielegruppe ab 2 Jahren an.

Tipp: Erkundigen Sie sich nach <u>Erste-Hilfe-Kursen für Kinder</u>. Gerade als Mutter/Vater reagieren Sie vielleicht panisch, wenn Ihrem Kind etwas passiert. Da ist es gut, ein paar grundsätzliche Dinge zu wissen. Ist übrigens auch Voraussetzung, wenn Sie als <u>Tagesmutter</u> arbeiten wollen. Es gibt für Kinder ab 2 Jahren <u>Spielegruppen</u> für 3 Vormittage (Montag, Mittwoch und Freitag) und für 2 Vormittage (Dienstag und Donnerstag). Finde ich persönlich als Übergang bis zum <u>Kindergarten</u> mit 3 Jahren optimal, da Ihr Kind nicht gleich 5 Tage die Woche von Ihnen getrennt ist. Wenn Sie früher wieder arbeiten müssen oder wollen, gibt es mittlerweile auch Kindergärten mit Krippenplätzen, die schon ab 2 Jahren oder sogar 8 Wochen Kinder aufnehmen. Wenn es irgendwie geht, fangen Sie nicht gleichzeitig mit neuer Spielegruppe/Kindergarten zu arbeiten an. In der ersten Zeit gibt es oft Schwierigkeiten und Sie müssen Ihr Kind wieder abholen.

28.11.06: Geht allein von der <u>Bauch</u>- in die <u>Rückenlage</u> zurück.

02.12.06: Da mein Sohn mittlerweile zu groß ist für das Waschbecken, wird er das erste Mal in der Badewanne gebadet. Das Wasser ist 37° warm und nur ca. 15 cm hoch. Er fasst uns jetzt regelmäßig im Gesicht an und streichelt uns fast.

05.12.06: Sagt „Ma, Ma, Ma" und „Be".

06.12.06: Wiegt jetzt 7,75 kg.

Tipp: Bis zu diesem Alter hat mein Sohn regelmäßig viel zugenommen, dann ging es nur noch langsam. Er hat monatelang Kleidergröße 74/80 getragen. Es gibt immer wieder Zeiträume, wo das Gewicht scheinbar stagniert. Auch die nächste Kleidergröße 86/92 passte mehrere Monate.

10.12.06: Ich singe ihm Lieder vor. Isst das erste Mal Brei (Kürbisbrei), war natürlich eine schöne Sauerei. Wird aber nach wie vor gestillt.

Tipp: Einige Tage vor dem ersten Brei habe ich meinem Sohn Löffel zum Spielen gegeben, um ihn an das spätere Füttern spielerisch heranzuführen. Achten Sie beim Brei darauf, dass die Temperatur nicht immer gleich ist, sonst isst Ihr Kind z. B. nur lauwarmen Brei und schreit, wenn er mal richtig warm ist.
Fangen Sie unbedingt mit Gemüse- und nicht mit Obstbrei an, da Kinder sehr schnell auf den Geschmack von Süßem kommen und es sonst sehr schwer oder fast unmöglich wird, sie zu gesundem Essen zu bewegen.
Es ist sehr einfach Brei selbst herzustellen, einfach das Gemüse mit etwas Wasser kochen und mit einem Pürierstab oder Mixer kleinmachen. Später nehmen Sie dann Öl oder Butter dazu. Wenn Sie eine größere Menge kochen, können Sie in kleinen Gefäßen einfrieren und nach Bedarf auftauen. Ich habe den Brei in der Mikrowelle wieder warm gemacht. Je mehr Zähne Ihr Kind hat, desto stückiger können Sie den Brei machen. Gläschen sind zwar sehr bequem, aber dafür haben Sie bei der Eigenproduktion selbst in der Hand, was Ihr Kind isst und müssen keine Angst haben bei Rückrufaktionen wegen Produktionsfehlern und festgestellten Schadstoffen. Außerdem fördern Sie durch Fertignahrung Allergien.
Geben Sie nicht gleich auf, wenn Ihr Kind beim Zufüttern nicht viel isst oder Abwehrgesten zeigt. Es dauert immer eine

---

gewisse Zeit, sich an etwas Neues zu gewöhnen. Solange Ihr Kind noch gestillt wird oder die Flasche bekommt, kriegt es davon halt einfach mehr, bis es mit dem Zufüttern mengenmäßig besser klappt. Es gibt bei den Mengen, die Kinder essen, sehr große Unterschiede, genau wie bei Erwachsenen. Kinder, wir Erwachsene eigentlich auch, wissen instinktiv, was sie besser nicht essen, wenn sie krank sind. Das Schöne ist, dass Kinder noch ein natürliches Hunger- und Durstgefühl haben und sich durch Schreien melden, wenn sie etwas brauchen. Wenn mein Sohn geschrien hat, habe ich zuerst versucht, ihn so zu beruhigen, wenn das nicht half, auf den Arm genommen, dann nacheinander geprüft, ob die Windel voll ist, er Hunger oder Durst hat. Manchmal suchen Kinder auch nur die Nähe der Mutter, wenn sie schreien. Mit der Zeit merken Sie an der Art des Schreiens, ob Ihr Kind Schmerzen, Hunger, Durst, Langeweile oder Wut hat. Wenn es Tränen gibt, ist es meist etwas Ernstes. Mein Sohn schreit z. B. oft, wenn es nicht nach seinem Kopf geht, da er ungeduldig ist. Ich hoffe, ihm das später abzugewöhnen,
wenn er richtig reden und ich ihm etwas erklären kann. Bis dahin sage ich ihm, dass mir sein Verhalten nicht gefällt und zeige ihm, was er tun kann, damit es wieder nach seinem Kopf geht.
Noch ein paar Hinweise betreffend Babygeschirr. Es gibt zwar sehr süßes Geschirr für Babys aus Keramik oder Porzellan, ist aber nicht geeignet, da Kinder gerne Dinge auf den Boden werfen. Wenn der gefliest ist, finden Sie noch Wochen danach Scherben auf dem Boden, was natürlich gefährlich ist. Besser ist Geschirr aus Plastik. Für unterwegs sind Teller mit Deckel und 3 Fächern am praktischsten für den Brei, einen Löffel und einen nassen Waschlappen. Das ganze dann mit Lätzchen in eine Tüte, die Sie im Supermarkt für Obst und Gemüse benutzen, dann bleibt Ihre Handtasche sauber. Die Tüten aus dem Supermarkt eignen sich übrigens auch hervorragend für das Entsorgen von einer Babywindel und Feuchttüchern oder einer Bananenschale. Spezielle Babyteller brauchen Sie in der Regel nicht, wenn Sie kleine Plastikschüsseln im Haus haben. Ein hoher Rand ist wichtig, damit das Essen nicht so leicht vom Teller fällt, wenn Ihr Kind später selbst isst.
Achten Sie beim Kauf von Babylöffeln darauf, dass sie sehr lang sind, wenn Sie Gläschen füttern, damit Sie auch den letzten Rest aus dem Glas holen können, die Löffel aber kurz sind, wenn Ihr Kind selbst essen soll. Manche Löffel sind vorn

sehr dick und sperrig, so dass sie fast nicht in den kleinen Mund passen.

Kaufen Sie keine Plastikgabeln, sie taugen nichts. In der Babyabteilung gibt es günstige Bestecke (Löffel, Messer und Gabel) mit richtigen Zinken und Klingen, aber kindgerecht. Die Kinderbestecksets, die Sie bei den üblichen Haushaltsartikeln finden, sind sehr teuer und eignen sich als Geschenk zur Geburt oder Taufe.

12.12.06: Das Breiessen klappt immer besser, die Menge erhöht sich langsam. Sind aber nur ein paar gehäufte Esslöffel.

16.12.06: Isst das erste Mal Kartoffelbrei.

Tipp: Warten Sie immer 1 Woche, bevor Sie ein neues Gemüse einführen, damit Sie sofort wissen, was Ihr Kind verträgt und was nicht.

17.12.06: Erhält den Spitznamen „Ziegenbock", da er wie einer meckert. Mit der Zeit entwickeln die Kinder diverse Arten zu schreien, je nachdem, was sie wollen. Schläft tagsüber meist gar nicht mehr.

Tipp: Versuchen Sie von Anfang an, einen Tagesablauf mit relativ festen Trink-, Ess- und Schlafenszeiten zu entwickeln, der auf Sie passt. Ich habe meinen Sohn immer nach dem Stillen, später nach dem Mittagessen hingelegt, bzw. versucht, ihn hinzulegen, denn es hat nicht immer geklappt. Seien Sie nicht zu strikt, wenn Ihr Kind gewohnt ist, um Punkt 12.00 zu schlafen oder zu essen, kann es ganz schön Stress für Sie geben, wenn Sie das nicht schaffen.

19.12.06: Besuch des Pfarrers, um über die Taufe zu sprechen. Ich habe meinen eigenen Konfirmations- als Taufspruch, die Lieder für den Gottesdienst und eine Geschichte über Engel, die ich selbst vorgelesen habe, ausgesucht, da ich diesen besonderen Tag mitgestalten wollte.

Tipp: Entscheiden Sie selbst, wann Ihr Kind das beste Alter für die Taufe hat, um den Gottesdienst und ein Fest danach „durchzustehen". Mein Sohn war 7 Monate alt.

22.12.06: Zieht seine Strumpfhose vom Fuß und steckt das Ende in den Mund.

23.12.06: Geht jetzt regelmäßig in die Bauchlage und bleibt auf dem Bauch liegen.

24.12.06: Bekommt noch nicht viel mit von Weihnachten.

25.12.06: Macht das erste Mal ein Quietschgeräusch mit seinem Beißring. Erhält einen neuen Spitznamen „Dirigent", da er seine Finger und Hände so bewegt.

27.12.06: Geht in die Bauchlage, strampelt dann so lange, bis er wieder auf dem Rücken liegt.

31.12.06: Wir verstellen den Boden von seinem Gitterbett und Laufstall auf die mittlere Höhe, da er angefangen hat, sich am Geländer hochzuziehen und rauszuschauen.

01.01.07: Ist immer mobiler, kriecht vorwärts und rückwärts, bewegt sich durch strampeln, da er noch nicht krabbeln kann. Lacht immer, wenn er abends massiert wird.

02.01.07: Isst das erste Mal Karottenbrei. Schmeckt ihm anscheinend besser als Kürbis- oder Kartoffelbrei, da er nicht so viel Sauerei gemacht hat wie sonst und fast alles in seinem Mund gelandet ist. Geht sofort wieder in Bauchlage und stützt sich ab, wenn ich ihn auf den Rücken drehe.

03.01.07: Ich spiele Verstecken mit meinem Sohn. Lege mir eine Decke über den Kopf, frage „wo ist die Mama?" und mein Sohn zieht die Decke weg, dann sage ich „da ist sie" und wir lachen beide.

07.01.07: Kann seit ein paar Tagen die Füße in den Mund nehmen. Klatscht mit den Händen auf die Knie wie beim Schuhplattler. Kann selbst zurück in die Rückenlage. Macht Geräusche mit den Lippen und fängt an, Dinge aus der untersten Regalreihe auszuräumen. Hat mir eine CD unter dem Phonoschrank versteckt. Schmatzt beim Essen wie ein Igel.

09.01.07: Isst Kartoffel-, Karotten- und Kartoffelbrei gemischt und abends das erste Mal Apfelmus. Schüttelt sich bei jedem Löffel. Apfelmus wird später trotzdem sein Lieblingsbrei.

11.01.07: Versucht wieder, CDs aus dem Regal zu holen. Ich lege eine Decke über die CDs im unteren Regalbrett, mein Sohn versucht, sich hochzuziehen, um an die CDs im Regalbrett darüber ranzukommen. Man merkt, dass die Kinder in dem Alter schon denken und Zusammenhänge erkennen.

12.01.07: Ist richtig mobil geworden, <u>Bauchlage</u>, zurück, Drehung um die eigene Achse, so kommt er überall hin. Spielt jetzt auch mit Bauklötzen.

Tipp: Achten Sie bei <u>Bauklötzen</u>, dass sie keine scharfen Ecken haben und farbecht sind, außerdem sollten sie nicht riechen, das deutet auf Schadstoffe hin, die Ihr Kind über den Mund/Speichel aufnehmen kann.

13.01.07: Öffnet eine Schublade. Erhält den neuen Spitznamen „Rollmops", weil er sich durch die Gegend rollt.

14.01.07: Mein Sohn wird getauft. Um 10.00 Gottesdienst. 11.30 Feier in einem Café. Dauer insgesamt 4 ½ Stunden. Zum Schluss ist mein Sohn, der arme Kerl musste die ganze Zeit bei der Verwandschaft Wanderpokal spielen, total übermüdet, hungrig und aufgedreht und schreit nur noch. Er schläft dann auf meinem Arm ein. Zu Hause beruhigt er sich sofort wieder und ist ganz der Alte.

Tipp: Achten Sie bei solchen <u>Festen</u> darauf, dass Ihr Kind sich zwischendurch bei seinen Eltern ausruhen oder schlafen kann, dann hält es länger durch.

15.01.07: Isst das erste Mal Fleisch. Ich habe Rinderhackfleisch zum Brei dazugemischt. Mein Sohn reagiert auf neue Lebensmittel immer skeptisch, bis er sich nach ein paar Tagen daran gewöhnt hat. Die Spitze des <u>ersten Zahns</u> ist oben vorn sichtbar.

17.01.07: Holt einen Stempel aus einer Schachtel.

Tipp: Wenn die Kinder anfangen, Dinge <u>auszupacken</u>, müssen Sie natürlich wieder Dinge in Sicherheit bringen.

19.01.07: Schnalzt das erste Mal.

20.01.07: Fährt mit seinen Fingern auf dem Parkettboden entlang, weil ihm das quietschende Geräusch dabei gefällt. Zieht eine Decke weg, die ich über meine Sachen gelegt habe, damit er nicht damit spielt.

20.01.07: Macht nach dem Windelwechsel das Klebeband auf einer Seite wieder auf. Seinem Papa wäre es lieber, wenn er sich die Windel selbst anziehen könnte, da Windeln wechseln nicht seine Stärke ist. Macht Schmatzgeräusche, wenn er weiß, dass es Brei gibt.

21.01.07: Stützt sich auf den Armen so auf, als ob er <u>krabbeln</u> will. Wenn er auf dem Rücken liegt, streckt er Arme und Beine in die Höhe. Hat das erste Mal Brei mit Banane gegessen.

Tipp: <u>Bananen</u> sind auch später ideal, wenn Sie unterwegs sind.

22.01.07: Sein erster Zahn wird das erste Mal mit einer Kinderzahnbürste geputzt.

Tipp: Fangen Sie möglichst früh mit <u>Zähneputzen</u> an und lassen Sie Ihr Kind zuschauen, wenn Sie sich selbst die Zähne putzen. Mein Sohn verlangt mittlerweile nach seiner Zahnbürste, wenn ich meine Zähne putze, oder läuft nach dem Essen ins Bad und zeigt auf seine Bürste, weil er es so gewohnt ist von mir.

23.01.07: Versucht sich an den Türknaufen meiner Kommode, bisher noch erfolglos. Reagiert auf das Wort „nein".

Tipp: Das Wort „<u>nein</u>" sollten Sie immer verwenden, wenn Ihr Kind etwas tut, was Sie nicht wollen, Kinder verstehen mehr als wir meinen.

24.01.07: Klettert unter meinen Kleiderschrank. Ich muss ihn dort befreien, da er nicht von allein rauskommt.

25.01.07: Trinkt das erste Mal Wasser mit Apfelsaft aus Papas Glas.

Tipp: Geben Sie Ihrem Kind, wenn es nicht (mehr) gestillt wird, Milch, Wasser oder ungesüßten Tee zu trinken. Wenn es keine süßen Limonaden und Tees gewohnt ist, vermisst es sie auch nicht und es gibt später weniger Probleme mit den Zähnen. Da ich ziemlich lange gestillt habe, war mein Sohn gleich einen Becher gewohnt, weil er dann schon in der Nachahmphase war. Er wollte dann keine Flaschen, Trinkbecher, Schnabeltassen oder Ähnliches, sondern nur einen normalen Becher. Achten Sie bei Bechern für unterwegs darauf, dass sie einen Dichtungsring haben, sonst laufen sie aus.

29.01.07: Erhält als weiteren Spitznamen „Mäusezahn" wegen seines ersten Zahns.

30.01.07: Lutscht an seinem Daumen.

Tipp: Mein Sohn hatte von Anfang an keinen Schnuller. Sollte wegen der Stellung der Kiefer sowieso nicht zu lang verwendet werden. Außerdem ist es lästig, das blöde Teil ständig zu suchen, damit das Kind wieder ruhig ist. Ich kenne Mütter, wo es eine mittlere Katastrophe ist, wenn der Schnuller weg ist. Außerdem reden manche Kinder später mit Schnuller im Mund, was natürlich nicht besonders förderlich ist für eine deutliche Aussprache.

01.02.07: Streckt den Po in die Höhe. Man merkt, dass er bald krabbeln wird. Bekommt ein Spielzeughandy geschenkt, damit er aufhört, mit unserer Fernbedienung zu spielen.

03.02.07: Hat angefangen, Dinge aus dem Laufstall zu werfen. Wenn man die Dinge in den Laufstall zurücklegt, kann das Spiel natürlich endlos weitergehen.

04.02.07: Fängt an, sich für Schlüssel zu interessieren und sie aus dem Schloss zu ziehen. Der 2. Zahn vorn neben dem ersten ist am Durchbrechen.

Tipp: Legen Sie <u>Schlüssel</u> an einen Platz, den Ihr Kind nicht erreichen kann, es ist ärgerlich, wenn Sie Ihre Schränke nicht mehr öffnen können, weil Ihr Kind den Schlüssel „versteckt" hat. Lassen Sie sich nicht <u>verunsichern</u>, wenn andere Kinder schon mehr <u>Zähne</u> haben. Die kleine Freundin meines Sohnes hatte immer 2 Zähne mehr als er, irgendwann hat mein Sohn sie überholt.

05.02.07: Fasst einem anderen Kind ins Gesicht, der zieht ihm dafür an den Haaren. Schaut hinter die Kommode, ich rufe von der anderen Seite „hallo". Will, wenn Besuch da ist, immer das Spielzeug, mit dem die anderen Kinder spielen. Interessiert sich immer mehr für Geräusche wie trommeln, kratzen, scharren, klopfen.

Tipp: Testen Sie das <u>Gehör</u> Ihres Kindes selbst, in dem Sie Geräusche machen, links oder rechts am Ohr, vor oder hinter ihm.

06.02.07: Ich gehe jetzt einmal die Woche in die Gymnastik und lasse meinen Mann aufpassen. Mein Sohn ist auch durchs Stillen noch sehr auf mich fixiert und schreit dann irgendwann.

Tipp: Versuchen Sie, einmal die Woche einen <u>Abend</u> für sich zu haben für Sport, einen Kurs, Treffen mit Freunden. Es tut Ihnen gut und Ihr Partner weiß besser einzuschätzen, welche Arbeit Sie den ganzen Tag leisten. Denn Mütter haben nie Feierabend. Wobei es selbstverständlich auch viele Väter gibt, die sich sehr gut um ihre Kinder kümmern und auch Elternzeit nehmen. Meistens haben jedoch die Frauen die Doppelbelastung Familie, Haushalt und Beruf.

07.02.07: Versucht überall ranzukommen. Alles ist interessant.

08.02.07: Gebe ihm eine leere Keksdose zum Spielen und Trommeln.

Tipp: <u>Dosen</u> eignen sich sehr gut als Spielzeug zum Trommeln, Rollen, Dinge verstecken. Mein Sohn war allerdings ein Nager, viele Dosen hatten deshalb an einigen Stellen keine Farbe mehr. Solche Dosen gehören natürlich in den Mülleimer, da Farben, Lacke, etc. schädlich sind.

09.02.07: Hat einen Arzttermin, ist aber brav. Der <u>3. Zahn</u> fängt an durchzubrechen.

Tipp: Bei den ersten <u>Arztbesuchen</u> hat mein Sohn sich noch bereitwillig untersuchen lassen, später hat er immer geschrieen. Das ist aber normal bis ca. 2 Jahre, da der Arzt ein Fremder ist und die Untersuchungen ja nicht immer angenehm sind. Muss Ihnen also nicht peinlich sein, wenn Ihr Kind schreit, sobald der Arzt in Sicht ist.

14.02.07: Beißt mich das erste Mal beim Stillen.

Tipp: Wenn Ihr Kind beim Stillen <u>beißt</u> z. B. „aua" sagen und aufhören zu stillen, damit Ihr Kind sofort merkt, dass etwas nicht in Ordnung ist. Es hat zwar eine Zeit und ein paar weitere Bisse gedauert, aber schließlich hat mein Sohn nicht mehr gebissen beim Stillen, obwohl er dann mehr Zähne hatte.

15.02.07: Öffnet die Tür meiner Kommode. Ich habe ein großes Stoffkrokodil davorgelegt, damit die Tür wieder zuklappt durch das Krokodil.

Tipp: Große lange <u>Stofftiere</u> wie z. B. Schlangen, Krokodile oder Zuglufttiere für Türen eignen sich sehr gut, wenn Ihr Kind anfängt in der Gegend herumzurollen, damit es weich ankommt und sich nicht an Möbeln stößt. <u>Kindersicherungen</u> in <u>Steckdosen</u> sollten dann Standard sein. Die einfachste <u>Kindersicherung</u> für Schränke und Kommoden ist übrigens eine <u>Kordel</u> oder <u>Paketschnur</u>. Einfach um die <u>Knaufe</u> oder <u>Griffe</u> binden, eine große Schleife und Knoten machen, damit es noch handlich ist, schon geht die Tür nicht mehr auf. Ist natürlich lästig, wenn man oft an den Schrank muss, aber weniger Arbeit, als den ganzen Schrank wieder einzuräumen. Ich habe mit aufklebbaren <u>Schranksicherungen</u> keine guten Erfahrungen gemacht, sie halten schlecht auf geöltem Holz und hinterlassen auf glatten Oberflächen wie z. B. Glas hässliche Klebereste. Eine Paketschnur habe ich übrigens auch verwendet, damit mein Sohn <u>Kartons</u> und <u>Kisten</u> nicht öffnen und den Inhalt ausräumen kann. Ich kann nur <u>Kühlschranksicherungen</u> empfehlen und <u>Türstopper</u>, die oben eingehängt werden, damit die Tür nicht ganz zugeht und Ihr Kind sich die Finger nicht einklemmt.

16.02.07: Klettert zwischen einen Schuhschrank und eine Konsole und bleibt stecken. Wir lassen Passfotos machen für einen Kinderreisepass.

17.02.07: Robbt sich in die Diele und fängt an, mit Schuhen und Fußabstreichern zu spielen.

18.02.07: Der <u>4. Zahn</u> ist am Durchbrechen. Alle 4 sind vorn, 2 oben und 2 unten nebeneinander. Bei seinen Spielkameraden sind das auch die ersten Zähne. Schaut fasziniert zu, wie eine Dose rollt. Probiert das erste Mal Quittenmarmelade in seinem Mus.

19.02.07: Isst das erste Mal Brot ohne Rinde, kaut und speichelt das Brot ein.

Tipp: <u>Brot</u> sättigt und macht keine Flecken. Laugenbrötchen und Brezeln essen die meisten Kinder gerne. Denken Sie immer daran, Ihr Kind isst, was Sie ihm geben bzw. will essen, was Sie selbst auch essen. So haben Sie Einfluss auf die Nahrungsmittel, die es zu sich nimmt.

21.02.07: Öffnet die Schublade meines Kleiderschranks und fängt an, Unterwäsche auszuräumen.

22.02.07: Robbt in die Küche. Normalerweise hält er sich nur im Wohnzimmer auf.

24.02.07: Schläft erst um 22.00, ist um 0.45 schon wieder wach und putzmunter, nehme ihn raus und lasse ihn spielen. Um 1.35 trinkt er nochmal eine Stunde, schläft ein, um 3.55 ist er schon wieder wach, schläft dafür bis 9.45.

Tipp: <u>Durchschlafen</u> ist ein schwieriges Thema. Bei Stillkindern dauert es länger, bis sie das tun, da der Kontakt mit der Mutter schön ist. Bei meinem Sohn hat es auch erst geklappt, als ich sehr viel später mit dem Abstillen angefangen und ihm klargemacht habe, dass es nachts keine Muttermilch mehr gibt, bei einem Flaschenkind kann man das natürlich genauso tun. Das Nuckeln an der Brust oder an der Flasche ist ja auch eine Beruhigung. Er hat dann beim Abgewöhnen anfangs immer geschrieen, ich bin auch manchmal nicht konsequent geblieben. Aber schlußendlich hat es geklappt. Wenn mein Sohn jetzt nicht durchschläft, weiß ich, dass er etwas hat, dass ein Zahn kommt, er Fieber oder Bauchweh hat und deshalb einfach anhänglicher ist. Wobei man natürlich trotzdem aufpassen muss, dass keine Unsitten einreißen, wenn es dem Kind wieder besser geht und es trotzdem nachts regelmäßig zur Mutter will. Kinder verstehen mehr, als man denkt, beruhigen Sie Ihr Kind und legen es einfach wieder hin. Wenn ich selbst ärgerlich geworden bin, weil mein Sohn nicht schlief und ich deshalb auch nicht schlafen konnte, hat es immer länger gedauert, ihn wieder hinzulegen, wie wenn ich ruhig geblieben bin. Zum Thema Kinder im <u>Elternbett</u>: Wenn Sie jemandem erzählen, dass Ihr Kind in Ihrem Bett schläft, werden Sie fast immer hören „das kriegst Du nicht mehr in sein eigenes Bett". Stimmt nicht. Ich habe meinen Sohn abends immer in sein eigenes Bett zum schlafen gelegt. Als er nachts alle 1 – 3 Stunden kam, habe ich ihn auch nach dem Trinken wieder in sein eigenes Bett gelegt. Nach dem 3. Versuch, je nachdem wie müde ich selbst war, habe ich ihn dann aber in mein Bett geholt, um selbst auch noch zu schlafen. Mittlerweile schläft er nur noch selten in meinem Bett. Ist auch unbequem geworden, da er viel Platz braucht und auf mir turnt. Es gibt nun mal Zeiten, wo Kinder die Nähe der Mutter (oder des Vaters) mehr brauchen als sonst. Diese Nähe gibt Ihnen auch Selbstsicherheit, die Gewissheit, dass immer jemand da ist. Wichtig dabei ist nur, dass Ihr Kind sein eigenes Bett noch als Schlafplatz kennt, denn wenn es ausschließlich in Ihrem Bett schläft, könnte es doch Probleme geben, wenn es wieder in seinem eigenen Bett schlafen soll.

27.02.07: Andere Kinder ziehen ihm regelmäßig an seinen langen Haaren. Sie sind ihm nie ausgefallen, einfach immer nur gewachsen. Er kann sich nie revanchieren, da die anderen Kinder nur einen Babyflaum haben.

01.03.07: Wenn ich den Raum betrete und wissen will, wo mein Sohn ist, rufe ich nach ihm. Er gibt dann Laute von sich, so dass ich ihn orten kann.

02.03.07: Erkundet das Bad, spielt mit den Teppichen, Dosen, etc. Wir bauen seinen Hochstuhl zusammen, es macht ihm Spass darin zu sitzen.

Tipp: Ein Hochstuhl ist wirklich eine wichtige Anschaffung, sobald Ihr Kind sitzen kann. Das Füttern ist sehr viel einfacher als auf Ihrem Schoß, da Sie beide Hände frei haben. Zumindest am Anfang, wenn es neu ist, sitzen die Kinder dort noch ruhig, später fangen Sie an, zu turnen und versuchen rauszuklettern. Einige Kinder brauchen beim Essen ein Spielzeug. Es gibt auch spezielle Kindersitze für unterwegs, die man auf normalen Küchenstühlen anbringen kann.

05.03.07: Isst das erste Mal Zucchini mit Kartoffel. Verzieht das Gesicht. Meistens schmeckt es erst am 3. Tag. Das Wienerle am Wochenende hat ihm besser geschmeckt.

07.03.07: Kriecht zwischen Sofa und Regal durch.

11.03.07: Ich schneide meinem Sohn das erste Mal den Pony. Er hat immer den Kopf geschüttelt, weil ihm die Haare ins Gesicht hingen. Bei einem Mädchen hätte ich das Problem mit einer Haarspange gelöst.

41

Tipp: Ein Friseurbesuch bei Kindern ist nicht nur meist teuer sondern auch Nervensache, da Kinder oft nicht stillhalten. Es ist gar nicht so schwer, Ihrem Kind die Haare selbst zu schneiden, zumindest den Pony. Schneiden Sie aber nicht gerade über den Augenbrauen (der berühmte Topfschnitt), sondern nehmen Sie die Haare zwischen Zeige- und Mittelfinger nach oben und kürzen dann, so wie es der Friseur macht. Es ist übrigens ein sehr großer Unterschied, ob Sie eine Küchen- oder spezielle Haarschere verwenden. Versuchen Sie, sich eine auszuleihen für das erste Mal. Bis Ihr Kind sich über die Frisur beschweren kann, haben Sie so viel Übung, dass es gut aussieht. Beim ersten Haarschnitt meines Sohnes war der Pony noch zu kurz, da ich durch seine Zappelei ständig nachbessern mußte, danach bekam ich Komplimente für seinen guten Schnitt. Einfacher ist es, wenn Ihr Sohn dabei spielen darf oder durch eine 2. Person abgelenkt wird.

12.03.07: Übt immer mehr zu sitzen, fällt aber seitlich um. Hat zu näseln angefangen.

15.03.07: Dreht sich das erste Mal in seinem Hochstuhl um. Versucht in seinem Laufstall, sich am Geländer hochzuziehen. Jetzt beginnt die gefährliche Phase, wo Kinder aus dem Hochstuhl klettern wollen und sich überall hochziehen.

Tipp: Kontrollieren Sie in Ihrer Wohnung, was umfallen könnte, wenn Ihr Kind sich daran hochzieht. Regale z. B. an der Wand befestigen, CD-Türme, Stehlampen festbinden, etc. Keine Angst, Sie müssen nicht die gesamte Wohnung ausräumen oder verdübeln, aber es dauert eine Zeit, bis Ihr Kind begreift, was es darf und was nicht.

16.03.07: Sitzt das erste Mal für eine kurze Zeit.

17.03.07: Zieht sich immer wieder am Laufstallgeländer hoch, steht kurz, hält sich dabei fest. Benutzt auch Kisten, um sich hochzuziehen. Achtung: leere Kisten können dabei umfallen.

20.03.07: Steht ein paarmal im Laufstall.

22.03.07: Macht zweimal den Staubsauger selbst an und erschrickt durch das Geräusch, krabbelt beim Saugen hin und her. Kommt schon wieder ein Regalbrett höher. Langsam habe ich keinen Platz mehr, Dinge noch höher zu räumen.

23.03.07: <u>Krabbelt</u> mittlerweile durch die ganze Wohnung und öffnet angelehnte Türen.

25.03.07: Wir sind zu einer Konfirmation eingeladen. In der Kirche schläft mein Sohn ein. Da er mittlerweile in der Fremdelphase ist, bleibt er nur bei Mama oder Papa. Dafür hält er doppelt so lang aus wie an seiner Taufe.

Tipp: Viele Menschen, auch wenn sie Kinder haben, erinnern sich nicht mehr an das <u>Fremdeln</u> und erzählen Ihnen, dass Sie Ihr Kind auch mal abgeben, nicht zu sehr an sich binden sollen, etc. Das ist aber nur richtig, wenn Ihr Kind grundsätzlich bei niemandem außer Ihnen auf den Arm darf. Ich kam mir an diesem Tag wie eine Platte mit Sprung vor, die jedem erzählt hat, dass der Sohn gerade fremdelt. Ehrlich gesagt würde es mir auch nicht gefallen, wenn ständig jemand auf mich zukommt, in einer künstlichen Babysprache mit mir spricht, mir im Gesicht rumfuchtelt und mich an sich reißen möchte. Aber so ein Verhalten scheint bei vielen normal zu sein. Ärgern Sie sich deshalb nicht. Mein Sohn hat jedes Mal angefangen zu schreien, wenn wieder jemand kam.

27.03.07: Wir gehen das erste Mal zu einer Krabbelgruppe in unserer Hebammenpraxis. Isst das erste Mal Fisch (geräuchte Forelle). Seine kleine Freundin kommt zu Besuch. Ist immer wieder interessant zu sehen, wie ähnlich sich die Kinder verhalten.

Tipp: Der Vorteil bei professionellen <u>Krabbelgruppen</u> z. B. in einer Hebammenpraxis oder beim Deutschen Roten Kreuz ist das geschulte Personal. Die Leiterinnen sind oft sehr kreativ, basteln viel selbst und bringen Sie auf Ideen, womit Ihr Kind spielen kann und wie Sie es motorisch fördern können. Außerdem können Sie bei solchen Gruppen zuschauen, wie Ihr Kind spielt. Wichtig ist, dass Ihr Kind sich auch allein beschäftigen kann, da Sie nicht rund um die Uhr Zeit haben, sich mit ihm zu beschäftigen. In diesem Zusammenhang können Sie sich auch nach <u>PEKiP-Gruppen</u> erkundigen. In einigen Gruppen sind die Kinder <u>nackt</u>. Es ist immer wieder interessant zu sehen, wie das die <u>Motorik</u> fördert.

31.03.07: Darf von meinem selbst gebackenen Käsekuchen probieren. Lacht seit ein paar Tagen ganz frech mit zusammengekniffenen Augen.

Tipp: Die gekauften Kuchen und Kekse sind oft sehr <u>süß</u>. Wenn Sie selbst backen, können Sie das steuern. Wenn Sie keine Zeit dazu haben, achten Sie beim Kauf darauf, an welcher Stelle Zucker in der Zutatenliste steht und welche Süßstoffe sonst noch vorhanden sind und probieren Sie einfach aus, was nicht so süß ist.

04.04.07: Wartet an der Absperrung im Wohnzimmer, bis sein Papa wiederkommt. Der ist natürlich ganz begeistert von diesem Empfang. So langsam versteht er, dass Menschen kommen und gehen.

05.04.07: Schläft das erste Mal mit eigener Bettdecke. Ich muss im nachhinein allerdings zugeben, dass dies zu früh war, ich hätte noch eine Weile beim Schlafsack bleiben sollen, aber das war dann nicht mehr rückgängig zu machen.

06.04.07: Wir gehen das erste Mal auf einen Spielplatz. Ihm gefällt besonders die große Vogelschaukel, wo man mehrere Kinder reinsetzen kann.

07.04.07: Ich baue seinen Kinder- in einen Sportwagen um, da er jetzt so gut sitzt. Jetzt kann ich wieder länger mit ihm unterwegs sein und Spaziergänge machen, da er mehr sieht und ihm nicht mehr so schnell langweilig ist.

Tipp: Ich habe Spielzeug am Kinderwagen mit einem <u>Gummiband</u> befestigt, da es sehr lästig ist, sich ständig nach dem Spielzeug zu bücken, wenn es aus dem Kinderwagen geworfen wird.

10.04.07: Ich mache wieder eine Probefahrt mit dem Fahrradanhänger, muss aber feststellen, dass es dafür noch zu früh ist und der Sportwagen momentan noch besser geeignet ist.

Tipp: Ein <u>Fahrradanhänger</u> ist sehr praktisch. Es gibt verschiedene Modelle, wo Sie auch eine Babyschale reinstellen können oder ein Sitz vorhanden ist. Ich persönlich finde den Fahrradanhänger nicht empfehlenswert wegen den Erschütterungen, solang Ihr Kind noch nicht richtig lang sitzen kann und deshalb in der Babyschale sitzen/liegen muss. Machen Sie einfach immer wieder kleinere Probefahrten, Sie merken sehr schnell, wann Ihr Kind Spaß daran hat und Sie längere Strecken fahren können. Ich verwende den Sportwagen zum Einkaufen, da ich den gut beladen kann und den Fahrradanhänger für Besuche, wo ich nur eine einfache Strecke hin- und zurückfahre. Es ist nämlich sehr anstrengend, sein Kind und die ganzen Einkäufe zu tragen, besonders, wenn Sie in mehrere Läden gehen wollen. Außerdem laufen Kinder immer in die Richtung, in die man nicht will, weil sie ständig etwas Neues entdecken. Im Sportwagen habe ich meinen Sohn fast immer mit einem Laugenbrötchen „ruhigstellen" können.

12.04.07: Sagt das erste Mal richtig schön „Mama" als er auf meinem Arm ist.

Tipp: Lassen Sie sich nicht <u>verunsichern</u>, wenn ein anderes Kind schon früher anfängt zu <u>sprechen</u>. Die einen Kinder entwickeln sich motorisch schneller, die anderen verbal. Das Sprechen können Sie natürlich fördern, indem Sie möglichst viel mit Ihrem Kind sprechen. Ich habe meinem Sohn von Anfang an viel erklärt, was ich/wir mache(n). Wichtig finde ich auch, sein Kind zu <u>loben</u>, wenn es etwas gut macht. Ich habe von Anfang an „bravo, bravo" gerufen und in die Hände geklatscht, wenn mein Sohn Fortschritte gemacht hat. Mittlerweile klatscht er selbst in die Hände, wenn er meint, etwas gut gemacht zu haben oder an meinem Gesichtsausdruck erkennt, dass ich zufrieden bin mit ihm.

19.04.07: Mein Sohn bekommt nur noch Lätzchen zum Zubinden, da er sich die mit Klettverschluss immer abreißt. Er versucht natürlich wie gewohnt, sein Lätzchen wegzumachen, bekommt auch einen Wutanfall, weil es nicht mehr geht, gewöhnt sich aber schnell daran, dass er mit Lätzchen essen muss. Dafür hat er entdeckt, dass meine Turnschuhe Klettverschlüsse haben und macht nun diese mit Begeisterung auf und zu. Hat jetzt drei Arten zu schreien, eine ganz laut, wenn er Hunger oder Bauchweh hat, eine wie das Meckern von einem Ziegenbock, wenn er unzufrieden ist, eine wie eine Sirene, die neu ist.

20.04.07: Ich besuche abends einen Erste-Hilfe-Kurs für Kinder, mein Mann hütet unseren Sohn.

21.04.07: Ich besuche mit meinem Sohn den ganzen Tag den zweiten Teil des Erste-Hilfe-Kurses. Er ist das einzige Kind im Kurs und spielt auf einer Decke oder ist auf meinem Arm.

Tipp: Üben Sie frühzeitig, Ihr Kind mitzunehmen bei solchen Gelegenheiten. Es muss lernen, sich auch mal selbst zu beschäftigen und ruhig zu sein. Nicht immer ist ein Babysitter vorhanden. Fragen Sie einfach vorab, ob Sie Ihr Kind mitbringen können und organisieren Sie einen „Notbabysitter", falls es doch Probleme geben sollte. Das Temperament von Kindern ist unterschiedlich, nicht jedes ist bereit, so lang auszuhalten. Ich habe vielleicht auch einfach nur Glück mit meinem Kind.

22.04.07: Öffnet und schließt seit ein paar Tagen seine Finger zur Faust. Putzt sich mit dem Handrücken die Rotze ab. Möchte mal wissen, wo er das abgeguckt hat. Da mein Sohn im Hochstuhl Theater gemacht hat, füttere ich ihn auf dem Schoß, dabei benutzt er mein T-Shirt heimlich als Serviette. Ich bin natürlich sauer.

24.04.07: Fasst andere Kinder unsanft im Gesicht an. Diese Phase ist aber normal und wird sich später wieder geben.

26.04.07: Isst das erste Mal Dinkelflocken in seinem Brei.

Tipp: Probieren Sie einfach nach und nach alle möglichen Flocken Hafer, Dinkel, Weizen, Gerste, Roggen aus. Sesam, Leinsaat, Sonnenblumenkerne kann ich auch empfehlen. Es gibt diese Produkte ungezuckert als Rohstoff oder als Mischung, so dass Sie einen Brei/Müsli selbst herstellen können. Ich habe die Flocken einfach in Milch eingeweicht, dann ein paar Löffel Apfelmus oder Marmelade dazu. Es sättigt sehr gut und muss nicht besonders süß sein, um zu schmecken. Wenn Ihr Kind schon selbst isst, sollte der Brei eher pappig, nicht so flüssig sein, dann gibt es weniger Sauerei.

27.04.07: Kann manche Dosen schon öffnen. Versteht, dass Dinge aus dem Regal fallen, wenn er sie in die korrekte Richtung schiebt. Begreift beim Anziehen, dass er ein Spielzeug in die andere Hand nehmen muss, wenn der betreffende Arm dran ist. Steht jetzt oft auf Zehenspitzen wie eine Ballerina.

Tipp: Prüfen Sie, in welchen Dosen Inhalte sind, die Ihr Kind nicht in die Hand bekommen sollte. Ich habe viele Dosen weggeschmissen, wo der Deckel zu leicht zu öffnen war. Manche Dosen musste ich wegschmeißen, weil mein Sohn Farbe abgenagt hat. Teilweise habe ich dann Plastikdosen aus der Küche verwendet, da die Deckel hier viel schwieriger abzubekommen sind. Manche Dosen habe ich auch im Schrank in Sicherheit gebracht. Putzmittel habe ich auch in einen abschließbaren Schrank versorgt.

29.04.07: Räumt ein Küchenregal aus und verschüttet eine Dose Kaffee. Als ob er merkt, dass er etwas angestellt hat, haut er ab, anstatt mit dem Kaffee zu spielen und die Sauerei zu vergrößern.

01.05.07: Sitzt in seinem Schaukelpferd und schaukelt allein mit einem Bein als Stütze. Sein Vater bringt ihm Kopfschütteln bei für „nein".

02.05.07: Flirtet mit einer Frau an der Kasse. Als Dankeschön erhält er eine Banane. Schüttelt den Kopf, als er gefragt wird, ob er schon Bananen isst, weil er sie bisher nur in Breiform kennt. Zufall oder hat er die Frage verstanden?

04.05.07: Räumt an der Kasse Tüten ab.

Tipp: Sofern Platz vorhanden ist, sollten Sie den Kinderwagen beim Einkaufen immer außer Reichweite von Regalen lassen, denn in diesem Alter räumen Kinder alles ab und aus, so dass Sie u. U. Dinge kaufen, die Sie gar nicht wollen.

05.05.07: Isst das erste Mal eine zweite Portion Apfelmus. Wir haben mittlerweile eine Kindersicherung an der Wohnzimmertür. Interessanterweise bleibt mein Sohn freiwillig im Wohnzimmer, wenn die Kindersicherung offen ist, schreit aber, wenn ich sie schließe und den Raum verlasse und krabbelt hinterher.

Tipp: Kinder haben noch ein natürliches Sättigungsgefühl. Versuchen Sie, dies zu respektieren, indem Sie mehr Essen geben, wenn Ihr Kind danach verlangt und aufhören, wenn es deutliche Zeichen gibt, dass es nicht mehr will. Meistens fangen Kinder an, mit dem Essen zu spielen, wenn sie keinen Hunger mehr haben. Es gibt natürlich auch Kinder, die generell schlecht essen und deshalb ständig animiert werden müssen, wenigstens eine kleine Menge zu essen.

07.05.07: Wir haben 2 Jungen zu Besuch, die sich genau wie mein Sohn für Handy, Fernbedienung, Tier mit Leine, Bücher, Musikdosen, Spieluhren, Dosen, Trockner und Waschmaschine interessieren.

Tipp: Spieluhren faszinieren fast jedes Kind, besonders wenn sich zusätzlich zur Musik noch Figuren bewegen/tanzen. Später sind Kinder ganz begeistert, wenn sie die Spieluhren selbst aufziehen können und festellen, dass dann Musik ertönt.

08.05.07: Klettert das erste Mal in der Krabbelgruppe und spielt mit Luftballons.

Tipp: Zum <u>Klettern</u> üben können Sie auch eine einfache Trittleiter hinstellen. Selbstverständlich sollten Sie dabei sein und die Trittleiter spätestens dann außer Reichweite stellen, wenn Ihr Kind anfängt, auf alle möglichen Dinge wie z. B. Kisten zu klettern, um weiter oben auch noch Sachen zu erreichen. Achtung, wenn Ihr Kind scharfe Nägel hat oder gerne reinbeißt, kann es einen lauten Knall geben, wenn Sie zu viel Luft in den <u>Luftballon</u> reingeblasen haben.

09.05.07: Legt mir beim Betten beziehen einen Legostein unter die Matratze. Ich merke an seinem Verhalten, dass er etwas unter die Matratze gelegt hat. Stellt sich das erste Mal mit seinen Schuhen hin, knickt aber um.

Tipp: Fangen Sie nicht zu früh mit <u>Schuhen</u> an. So lange Ihr Kind nur sitzt, sind sie praktisch, weil es wärmer ist, beim <u>Laufen</u> lernen sind sie allerdings hinderlich, weil Ihr Kind damit nicht so beweglich ist und den Fuss abrollen kann. In der Wohnung deshalb besser Socken mit Noppen oder Anti-Rutsch-Sohle anziehen. Zwingen Sie Ihr Kind nicht zum Laufen, indem Sie es ständig an der Hand führen. Es fängt normalerweise ganz von selbst an zu laufen und lässt sich wieder fallen, wenn es nicht mehr kann, krabbelt ein Stück und zieht sich irgendwo wieder hoch.

10.05.07: Ein kleiner Freund meines Sohnes, anderthalb Monate jünger, ist zu Besuch. Motorisch ist er genauso weit wie mein Sohn. Wie bereits erwähnt entwickeln sich Kinder unterschiedlich, später gleicht sich das irgendwann wieder aus.

11.05.07: Hat angefangen Dinge zu verstecken z. B. seinen Beißring unter den Teppich, einen Deckel hinter die Bücher, ein Steckteil in eine Lücke.

12.05.07: Kommt allein vom Sesselhocker runter, bisher haben wir immer die Füße festgehalten.

15.05.07: Nimmt nach wie vor alles in den Mund. Bei manchen Kindern dauert die orale Phase halt länger.

16.05.07: Streckt seit ein paar Tagen die Zunge durch die geschlossenen Lippen. Räumt jetzt regelmäßig Schränke aus und wirft den Mülleimer um. Hat angefangen Dinge wegzuräumen, um an etwas ranzukommen.

17.05.07: Versteckt ein Holzteil in Papas Stiefel.

18.05.07: Steckt den Kopf in die Waschmaschine oder den Küchenschrank.

Tipp: Schließen Sie Waschmaschine oder Trockner. Kinder klettern gern rein und bekommen unter Umständen keine Luft mehr, wenn sie lang im Trockner sind oder ein 2. Kind macht das Gerät an.

22.05.07: Krabbelt regelmäßig zwischen Couch und Regal hin und her. Versteckt sich hinter dem Vorhang. Seine Beißringe sind unentbehrlich geworden. Wirft alles Mögliche in die Badewanne. Wirft einen Topf aus dem Regal, so dass der Glasdeckel kaputtgeht. Hängt jetzt oft an meinem Hosenbein und läuft ein paar Schritte mit. Steht das 1. Mal, ohne sich festzuhalten.

Tipp: Ich halte nichts von Lauflernhilfen. Mit manchen kann Ihr Kind sogar stürzen, wenn es z. B. über Türschwellen läuft. Mein Sohn hat mit einem Hocker, Rollcontainern aus Plastik, die er durch die Wohnung geschoben/gerollt hat, und seinem Kinderwagen laufen gelernt. Das Tempo dabei war wirklich beeindruckend. Die Rollcontainer habe ich später, als mein Sohn angefangen hat, darauf zu klettern, um irgendwo ranzukommen, versteckt, damit er nicht stürzt und sich verletzt, wenn der Container wegrollt beim Klettern.

24.05.07: Verstellt mir beim Saugen immer die Wattzahl. Schüttelt jetzt immer den Kopf, wenn ich „nein" sage.

Tipp: Mein Sohn durfte von Anfang an zuschauen bzw. „mithelfen" beim Putzen. Mittlerweile holt er selbst Staubsauger, Eimer, Wischmopp, Kehrschaufel und Besen raus und ahmt mich nach. Meistens hat man ja schon einen Pascha und braucht keinen zweiten. Außerdem wird es für Ihr Kind später selbstverständlich sein, kleine Dinge im Haushalt zu tun, wenn es dass von Anfang an so gewohnt ist. Belohnung sollte allerdings immer nur ein Lob sein, sonst hilft Ihr Kind später nur, wenn es ein Geschenk oder Geld bekommt.

24.05.07: Öffnet eine Dose Fischfutter und leert den Inhalt aus.

25.05.07: Ich gehe zum Zahnarzt. Mein Sohn schaut vom Kinderwagen aus zu und ist brav.

26.05.07: Sitzt bei seinem Vater auf dem Schoß, schmeißt die Fernbedienung runter und winkt.

Tipp: Meinem Sohn hat es immer gefallen, auf <u>Tasten</u> zu <u>drücken</u>. Ich habe deshalb extra die Fernbedienung aufgehoben, als mein Fernseher kaputtging und mein Mann hat ihm eine alte Tastatur zum Spielen gegeben. Später merken die Kinder allerdings, wenn nichts passiert beim Drücken und es wird langweilig.

26.05.07: Mein Sohn ist mittlerweile regelmäßig strafversetzt im Laufstall, wenn er etwas angestellt hat, damit ich in Ruhe wieder Ordnung herstellen kann. Seine Kleidergröße ist sehr unterschiedlich. Body Größe 86/92, da er sehr lang ist, T-Shirt 80, Hosen 68 oder 74, weil er schlank ist, Schuhe und Strümpfe 19/20. Da Kleider- und Schuhgrößen leider nicht mehr genormt sind, gibt es große Unterschiede, vor allem zwischen Straßen- und Hausschuhen.

27.05.07: Häutet mit seinen Zähnen einen Landjäger und isst etwas vom Inhalt, sieht natürlich nicht sehr appetitlich aus. Interessiert sich jetzt fürs Türme bauen. Räumt das erste Mal Dinge in eine Kiste ein. Lässt ein Buch von mir sofort fallen, als ich ihn erwische.

Tipp: Da ich selbst ein <u>ordentlicher</u> Mensch bin, hat auch das Spielzeug von meinem Sohn von Anfang an seinen festen Platz gehabt. Interessanterweise wußte mein Sohn deshalb immer genau, was wo ist und hat später auch selbst Dinge wieder an seinen Platz zurückgestellt.

28.05.07: Schreit bzw. meckert wie ein Ziegenbock, wenn es nicht nach seinem Kopf geht oder man ihm etwas wegnimmt.

Man merkt, dass Kinder recht schnell einen eigenen Willen haben.

29.05.07: Schläft im Erdgeschoss auf seiner Krabbeldecke, ich sauge oben. Als ich fertig bin, steht mein Sohn an der untersten Stufe der Treppe und wartet auf mich.
01.06.07: Winkt zur Begrüßung. Klatscht in die Hände. Klettert das erste Mal auf einen Sesselhocker.

04.06.07: Macht das erste Mal eine Schublade in der Küche auf und holt ein Brotmesser raus. Ich habe die Schubladen natürlich sofort umgeräumt. Klettert an der Treppe die erste Stufe hoch.

Tipp: Wenn Ihr Kind einen Bereich im Küchenschrank hat, den es ausräumen darf, machen Sie ihm eine große Freude.

05.06.07: Klettert wieder die erste Stufe an der Treppe hoch. Öffnet täglich Schubladen von Schränken, Kommoden.

08.06.07: Ich räume sein Spielzeug in zwei Kisten. Mein Sohn manövriert sich mit einer Kiste in eine Ecke, so dass er nicht mehr rauskommt, da läuft er einfach hinter der Kommode an der Wand wieder raus.

09.06.07: Probiert an einer ganzen Banane und an einer Kirsche. Wie üblich verzieht er anfangs das Gesicht.

11.06.07: Schläft jetzt auch gern auf der Seite oder dem Bauch, hat anfangs immer nur auf dem Rücken geschlafen.

12.06.07: Weiß jetzt, wie man einen Kuli anmacht und bekritzelt Hände, Backe und T-Shirt.

13.06.07: Holt jetzt nicht mehr ein Buch oder eine CD aus dem Regal sondern fängt an, stapelweise auszuräumen, bis ihn jemand stoppt.

14.06.07: Ich muss ihm eine Dose Pizzatomaten wegnehmen, da er dabei ist, das ganze Etikett abzunagen. Hat angefangen, Klebeetiketten auf Geräten abzuziehen. Mit dem sogenannten Pinzettengriff finden die Kinder recht schnell eine Ecke, um ein Etikett abzuziehen.

16.06.07. Sein erster Geburtstag. Die Verwandten kommen, er erhält viele Geschenke, merkt aber nicht, dass es ein besonderer Tag ist.

Tipp: Die meisten Mütter, die ich kenne, haben ein halbes Jahr voll gestillt, mit ca. sechs Monaten mit Brei angefangen und mit ca. einem Jahr abgestillt. Das Abstillen kann im Urlaub oder wenn man zu Besuch ist durch die fremde Umgebung, die das Kind von der gewohnten Routine ablenkt, einfacher sein. Dass Ihr Kind die Muttermilch als Nahrung nicht mehr unbedingt braucht, merken Sie daran, dass es eher nuckelt als trinkt, stark an der Brustwarze zieht, schneller fertig ist als sonst oder direkt nach dem Stillen trinkt und ißt, als ob Sie gar nicht gestillt haben. Meiden Sie Plätze, die Ihr Kind mit dem Stillen verbindet. Ich habe meinen Sohn meistens auf der Couch gestillt. Beim Abstillen, war das ein Problem, weil er jedes Mal, wenn ich mich dort gesetzt habe, zu mir hochgekrabbelt kam, mein T-Shirt hochzog und trinken wollte.

Wenn Sie mit Brei, meistens Karottenbrei, anfangen, ersetzen Sie eine Stillmahlzeit nach der anderen, am besten als erstes mittags, dann nach einer Weile abends und zum Schluß morgens, so dass Sie irgendwann zum Frühstück, Mittag- und Abendessen Brei geben und nur noch nachts stillen.

Anfangs wird nach dem Brei noch das Stillen angeboten, falls das Kind nicht satt geworden ist oder noch Durst hat, denn es klappt nicht immer sofort mit dem Zufüttern. Ich habe ziemlich schnell nach dem Brei einfach Wasser aus dem Becher zu trinken angeboten.

Bei manchen Kindern reicht der Mittagsbrei schon, um tagsüber gar nicht mehr zu stillen, was natürlich praktisch ist, wenn Sie wieder arbeiten. Ich habe anfangs noch ein- bis zweimal vor und nach dem Mittagsbrei gestillt, also ca. 4 – 5 Mal tagsüber, bis es mengenmäßig mehr Brei wurde. Als ich das Stillen tagsüber abgeschafft hatte und mein Sohn manchmal trotzdem noch kam, hat er immer denselben Satz gehört „es gibt jetzt nichts" und irgendwann auch verstanden.

Bei manchen Kindern reicht später der Abendbrei, dass Sie nachts nicht mehr kommen, mein Sohn hat danach trotzdem irgendwann wieder Hunger gehabt, egal wieviel ich ihm zu essen gegeben habe.

Das Stillen nach dem Aufstehen habe ich so abgeschafft, dass ich einfach gleich mit meinem Sohn aufgestanden und ihm einen Morgenbrei gemacht habe.

Das Abstillen nachts fand ich am schwierigsten. Ich habe versucht, ihn tagsüber möglichst gut essen und trinken zu lassen, abends ausgiebig zu stillen und wenn er dann schon geschlafen hat und wieder kam, hat er immer denselben Satz gehört „es gibt jetzt nichts". Ich habe dann nur mit ihm gekuschelt und ihn wieder schlafen gelegt, da er ja eigentlich keinen Hunger oder Durst haben konnte. Es gab anfangs natürlich viel Geschrei, aber irgendwann hat er dann durchgeschlafen. Das Stillen nachts war zum Schluss nur noch eine nette Gewohnheit aber keine Notwendigkeit mehr gewesen.

Selbstverständlich hatte ich auch immer wieder Rückfälle, da mein Sohn, wenn er gezahnt hat oder erkältet und deshalb anhänglicher war, doch wieder mehr die Brust als Brei wollte. Stillen ist meiner Meinung nach in diesem Alter die beste Medizin, um sich als Kind schneller wieder gut zu fühlen.

Zwei Probleme hatte ich allerdings beim Abstillen.

Zum einen hatte ich ein paar Mal Milchstau. Sobald Sie merken, dass die Brust druckempfindlich ist und Sie eine harte Stelle ertasten können, empfehle ich, Wasser abzukochen und ein Handtuch oder einen Waschlappen damit zu tränken und die Brust damit zu kneten, damit sich die harte Stelle löst und die Milchdurchgänge wieder frei werden. Am besten Stillen Sie gleich danach. Ich musste nur einmal beim ersten Mal einen verstopften Zugang mit der Nadel aufstechen, weil ich zu spät gemerkt hatte, was los ist. Wenn Sie zusätzlich Schüttelfrost und Fieber haben, rufen Sie besser Ihre Hebamme an oder gehen zum Arzt. Ich habe nach dem Milchstau generell beim Duschen mit warmem Wasser meine Brust vorsorglich geknetet, damit es gar nicht erst zu einem neuen Milchstau kommt.

Das zweite Problem war das Einschlafen. Mein Sohn war es gewohnt, während bzw. nach dem Stillen einzuschlafen und hingelegt zu werden. Als ich tagsüber nicht mehr gestillt habe, hat er eine Zeitlang auch nicht mehr tagsüber geschlafen. Ich habe dann versucht, ihn einmal am Tag hinzulegen, meistens nach dem Mittagessen, hat natürliche eine Weile gedauert, bis das geklappt hat.

18.06.07: Probiert das erste Mal eine Reiswaffel.

Tipp: Mein Sohn hat von Anfang an zum Knabbern zwischendurch oder wenn wir unterwegs waren Knäckebrot, Reiswaffeln, Laugengebäck, Brötchen, Brot oder Zwieback bekommen. Zum Frühstück gibt es immer Apfel und Banane. Morgens Obst zu essen, hat er von Anfang an bei mir gesehen. Wenn er unruhig ist, frage ich ihn, ob er etwas essen will und er läuft dorthin, wo das steht, was er essen möchte, da er ganz genau weiß, wo der Zwieback, etc. steht.

19.06.07: Sein 5. Zahn bricht durch. Besucht seine Freundin und spielt dort mit einer Kinderküche, da er begeistert ist von den Knöpfen. Versteckt einen Deckel im Mülleimer, hebt aber netterweise vorher den Müllbeutel hoch. Ich mache Musik mit ihm, trommel auf Eimer, Dose und Trommel, mein Sohn bimmelt mit den Glocken.

Tipp: Sets mit Musikinstrumenten sind ein sehr beliebtes Geschenk. Mein Sohn hat von Anfang an positiv auf Instrumente und Gesang reagiert. Singen Sie auch selbst vor, es ist egal, wie es klingt, Ihr Kind wird es lieben.

21.06.07: Isst das erste Mal Speck. Wird von seinem Vater mit geräuchertem Fisch gefüttert. Klettert jetzt schon vier Stufen die Treppe hoch. Ich setze mich zum Test weiter oben auf die Treppe und schaue, wie weit er hinaufgeht und zeige ihm hinterher, wie er rückwärts die Treppe runterkommt.

Tipp: Sobald Ihr Kind die Treppe hinaufgeht, sollten Sie ihm zeigen, wie es rückwärts die Treppe runtergehen soll. Achten Sie einmal darauf, es gibt sehr viele Treppen, die kein Geländer (oder es ist noch zu hoch) oder Sprossen haben, gerade im Eingangsbereich von Geschäften gibt es oft nur sehr große Stufen. Es ist sehr gefährlich, wenn Ihr Kind auf den Stufen steht, runterlaufen will, aber nichts zum Festhalten vorhanden ist. Wenn Sie nicht dabei sind, sollte der Zugang zur Treppe natürlich gesichert sein. Mein Sohn geht zwar schön brav rückwärts die Treppe runter, dafür hält er meist in einer oder beiden Händen Spielzeug fest, das unbedingt mitmuss.

22.06.07: Klettert das erste Mal rückwärts aus unserem Bett. Ich bin froh, dass er das von der Treppe her so kennt und macht. Krabbelt die ganze Treppe allein hinauf. Macht Deckel wieder auf Dosen. Zeigt auf das richtige Spielzeug, wenn man fragt, wo etwas ist. Daran merkt man auch, dass Kinder mehr verstehen, als man denkt. Testen Sie das einfach.

23.06.07: Zeigt jetzt immer mit dem Finger auf Dinge und ruft „da". Singt manchmal. Dreht eine Plastikschüssel um, steht darauf, um an den Herd zu kommen. Versucht, auf seinen Hochstuhl zu klettern. Klettert jetzt regelmäßig aufs Sofa.

24.06.07: Ich lege den Zeigefinger an den Mund und sage „psst, Papa schläft noch", mein Sohn versucht, das nachzumachen. Klettert wieder aufs Sofa und wirft Kissen und Decken runter. Das macht er heute auch noch so, was praktisch ist, wenn er vom Sofa fällt, da die Landung dann weicher ist. Vom Sofa will er auf das Regal, das dahinter steht, klettern. Da es vom Regal direkt auf den Boden geht, muss ich ihn jetzt immer runterholen, bevor er stürzt. Steht immer öfter freihändig und läuft an der Hand.

26.06.07: Sein Lieblingsspielzeug ist ein Bagger, mit dem er jeden Tag durch die Wohnung fährt.

27.06.07: Isst das erste Mal ein Stück Brezel.

29.06.07: Geht zweimal die Treppe hinauf und rückwärts runter. Nimmt einen Hocker als Gehhilfe, schiebt ihn vor sich her und läuft damit durch die Wohnung. Abends gehen wir das erste Mal ins Schwimmbad mit ihm. Das Baden in der Badewanne hat ihm bisher immer Spass gemacht, aber hier ist er noch skeptisch. Unter der Dusche später schreit er. Das habe ich früher oft bei anderen Müttern gesehen, jetzt geht es mir selbst so. Schreit auch beim Haare föhnen.

Tipp: Kinder schlafen und trinken meist abwechselnd am Anfang und reagieren deshalb auch nicht auf laute <u>Geräusche</u>. Ich konnte anfangs saugen, den Mixer bedienen, Haare föhnen, wir hatten Handwerker da, die gebohrt haben, mein Sohn hat trotzdem geschlafen. Mit ein paar Monaten hat mein Sohn dann geschrieen, wenn ich mir die Haare geföhnt habe. Ich habe dann meinen Mann gebeten mit ihm auf dem Arm langsam in meine Nähe zu gehen, bis er sich wieder an das Geräusch des Föhns gewöhnt hatte.

30.06.07: Steckt Puzzleteile wieder an die richtige Stelle. Isst das erste Mal Joghurt mit Marmelade, beides selbst gemacht. Versteckt jetzt selbst Dinge und holt sie wieder. Legt sich oft flach auf den Boden, um z. B. unter dem Laufstall nach Spielzeug zu schauen. Belädt seinen Bagger.

02.07.07: Macht beim Staubsauger an und aus. Schaukelt gern. Versucht, aus dem Hochstuhl zu klettern. Krabbelt seinem Vater entgegen, wenn der abends nach Hause kommt.

03.07.07: Muß momentan einmal am Tag 1 – 2 Stunden schlafen, um fit zu sein. Holt eine CD aus dem Regal, öffnet sie, nimmt die CD raus und will reinbeißen. Wird von mir daran gehindert. Später wird mein Sohn mit der CD zum Papierreißwolf laufen.

04.07.07: Ich schneide ihm im Hochstuhl die Haare, er bleibt sogar ruhig sitzen. Isst unterwegs fast ein halbes Laugenbrötchen.

Tipp: <u>Brötchen</u> eignen sich hervorragend für unterwegs. Es dauert eine Weile, bis Ihr Kind das Brötchen allein hält und abbeißt, mein Sohn hat es anfangs immer aus dem Kinderwagen geworfen, deshalb habe ich ein Stück abgebrochen und wenn er fertig gegessen hatte, ihm das nächste Stück gegeben. Von Zeit zu Zeit habe ich immer wieder versucht, ihm das ganze Brötchen zu geben, bis es geklappt hat.

06.07.07: Isst das erste Mal Nudeln. Hat das erste Mal fünf Stunden am Stück geschlafen, normalerweise sind es nur vier.

07.07.07: Kommt sofort, wenn ich Schuhe putze, da er gern mit Schnürsenkeln und Bürsten spielt.

10.07.07: Schläft das erste Mal sechs Stunden am Stück. Spielt bei einem Besuch mit einer Murmelbahn und versteht, dass man die Kugeln oben wieder reinlegen muss.

Tipp: Das schöne an Spielegruppen oder Besuchen ist, dass man sieht, wo die <u>Interessen</u> des Kindes liegen, um dann Dinge zu kaufen, die nicht nur in der Ecke liegen.

11.07.07: Wir machen einen Besuch. Mein Sohn wird an den Haaren gezogen und kriegt ein Spielzeug auf den Kopf. Das ist jetzt das Alter, wo man Kinder ermahnen muss, nicht so grob zu sein.

12.07.07: Isst fast ein ganzes Laugencroissant. Ich stelle den Griff des Kinderwagens nach unten, so dass mein Sohn den Kinderwagen selbst schieben kann. Ist auch eine prima Lauflernhilfe. Ich finde in seiner Windel ein Stück Plastik. Hat mein Sohn unbemerkt von einer eingeschweissten DVD abgebissen und geschluckt. Später werde ich auch ganze Erbsen und Erdnüsse in der Windel finden.

13.07.07: Will jetzt nicht mehr die ganze Zeit im Kinderwagen sitzen sondern streckenweise schieben.

14.07.07: Isst das erste Mal Kräuterquark und Brot mit Butter, Schinken und Käse. Versucht mitzusingen und bewegt sich im Takt, wenn er Musik hört.

17.07.07: Isst fast eine ganze Banane. Bleibt nicht mehr ruhig sitzen im Kinderwagen, versucht, aus dem Gurt rauszukommen und sich hinzuknieen.

20.07.07: Mein Mann muss auf unseren Sohn aufpassen und ist ziemlich gestresst, als ich wiederkomme. Erst hat der Kleine DVDs ausgeräumt, als die versorgt waren, hatte er eine volle Windel aus dem Eimer geholt, als wieder sauber war, kam er mit der Klobürste aus dem Bad anspaziert. Mein Mann kam gar nicht hinterher.

21.07.07: Isst das erste Mal Zwieback, den ich in Milch einweiche. Danach eine ganze Banane. Zu Mittag probiert er Kartoffelsalat mit Schinken, Gurken, Champignons. Muss nach wie vor einmal am Tag schlafen, um fit zu sein, kann dann bis zu 4 Stunden schlafen. Wenn er schreit beim Aufwachen, ist er noch nicht ausgeschlafen und muss nochmal hingelegt werden. Wenn er friedlich ist, ist er ausgeschlafen und ausgeglichen.

Tipp: Zwieback mit Milch ist ein ideales Frühstück, mein Sohn isst mittlerweile 3 Scheiben, die ich in Milch einweiche. Der Zwieback sättigt und durch die Milch bekommt er Kalzium.

22.07.07: Läuft ein paar Schritte freihändig. Probiert das erste Mal Vanillepudding und Puddingtorte und zu Mittag Couscous.

24.07.07: Beißt bei meinen Apfelschnitzen ab. Isst das erste Mal Quark mit Körnern und Zwetschgen. Probiert Spinat-Kartoffel-Auflauf.

Tipp: Ich esse selbst seit Jahren jeden Morgen zum Frühstück Obst, meistens einen Apfel. Deshalb konnte ich meinen Sohn leicht daran gewöhnen, auch Obst zum Frühstück zu essen. Am Anfang hat er bei meinen Schnitzen immer abgebissen, dann hat er einen geschälten Schnitz und später einen ungeschälten Schnitz in die Hand bekommen. Ich habe einfach immer wieder probiert, ihm Apfel mit Schale zu geben, sobald er die Schale nicht mehr ausgespuckt hat, bekam er Apfelschnitze mit Schale.

25.07.07: Hat mir am Vortag heimlich den Wecker gestellt, so dass ich früher als gewollt wach werde. Darf jetzt immer probieren, wenn ich Mittag esse. Rutscht das erste Mal und spielt das erste Mal in einem Sandkasten. Bisher hatte er nur das Sandelzeug in den Mund genommen.

Tipp: Nutzen Sie die Neugier Ihres Kindes und lassen Sie es einfach immer probieren, wenn Sie selbst etwas essen. Schokolade habe ich von nun an heimlich gegessen.

26.07.07: Wirft zweimal den Mülleimer die Treppe hinunter. Muss in den Laufstall, bis ich wieder alles eingesammelt habe.

27.07.07: Bekommt seinen 6. Zahn, einen vorderen Backenzahn. Isst Nudeln mit Tomatensauce zu Mittag.

28.07.07: Läuft immer größere Strecken freihändig.

29.07.07: Rennt mit einem Rollcontainer in der Wohnung hin und her. Anfangs hat er geschrieen, wenn er mit dem Container irgendwo steckenblieb. Mittlerweile geht er auf die andere Seite und schiebt in die andere Richtung weiter.

31.07.07: Ich lege ihn das erste Mal noch halbwach hin und streichele ihn, bis er eingeschlafen ist. Trinkt das erste Mal richtige Milch, wird erst mit einem Jahr empfohlen, Kindern richtige Milch zu geben.

Tipp: Die Zeit, wo Kinder freiwillig von allein schlafen, vergeht meist zu schnell. Versuchen Sie einfach immer wieder, Ihr Kind zu einer bestimmten Zeit hinzulegen und eine Routine zu entwickeln, die zu Ihrem Kind und Ihnen selbst passt.

01.08.07: Sein 7. Zahn bricht durch. Bekommt sein erstes Paar Schuhe in Größe 20 und auf Vorrat in Größe 21.

02.08.07: Spielt das erste Mal mit Stapeleimern.

Tipp: Stapeleimer rund oder eckig sind ein sehr beliebtes Spielzeug. Ihr Kind lernt, sie der Größe nach zu sortieren, um sie ineinander reinzustellen oder aufeinander zu stapeln und Türme zu bauen. Das Umschmeißen der Türme macht natürlich am meisten Spaß. Sie können aber auch leere Joghurtbecher und Shampooflaschen verwenden als Spielzeug. Wenn Sie in die Flaschen Perlen oder andere Kleinteile einfüllen, wird Ihr Kind vom Geräusch begeistert sein. Die Perlen müssen Sie natürlich wieder rausnehmen, sobald Ihr Kind den Deckel öffnen und die Kleinteile verschlucken kann.

03.08.07: Isst seinen Zwieback das erste Mal trocken, dauert natürlich ewig.

04.08.07: Schläft beim Einkaufen im Kinderwagen ein, lässt sich zu Hause auf die Krabbeldecke legen und schläft weiter. Probiert vom Eintopf, isst ein ganzes Knäckebrot und ein Stück von meinem Käsebrot, trinkt Milch und Wasser und wird gestillt. Hat von seinem Opa einen riesen Laster geschenkt bekommen, den er draußen hin- und herschiebt. Alles was rollt und was man schieben kann, eignet sich als Lauflernhilfe.

Tipp: Es ist oft schwierig, ein schlafendes Kind umzubetten, ohne dass es aufwacht. Meist geht es, wenn Sie es vorsichtig ablegen, noch eine Weile leise mit ihm reden und es streicheln. Dann noch kurz dableiben, falls es nochmal die Augen aufschlägt, um zu prüfen, ob jemand da ist. Je länger Sie Ihr Kind auf dem Arm behalten, desto schwieriger wird das Umbetten, da es dann wieder einen leichten Schlaf haben und aufwachen könnte. Mein Sohn hat einen relativ leichten Schlaf. Es gibt aber auch Kinder, die einen sehr guten Schlaf haben.

06.08.07: Ich mache einen Besuch mit dem Fahrradanhänger. Mittlerweile lässt sich mein Sohn mit Knäckebrot bestechen, auf der Fahrt ruhig zu sein. Er mag es allerdings nicht, wenn wir stehen bleiben. Ich stille mittlerweile nur noch dreimal am Tag, morgens, mittags und abends.

08.08.07: Wirft jetzt regelmäßig Dinge in die Badewanne, macht ihm besonders viel Spaß, wenn Badewasser drin ist.

09.08.07: Schläft fast sechs Stunden am Stück nachts. Seit ich nachts nicht mehr stille, schläft er meist länger durch. Ich kann aber keinen Zusammenhang feststellen zwischen dem, was er tagsüber isst und trinkt und wieviel er schläft und der Schlafdauer nachts. Sonst würde ich Ihnen hierzu ein paar Tipps geben.

10.08.07: Baut eine Taschenlampe auseinander und wieder zusammen.

11.08.07: Sein 8. Zahn bricht durch.

13.08.07: Sein 9. Zahn bricht durch. Macht bei der Nachbarin das Gartentor, das seine Höhe hat, immer wieder auf und zu. Kann jetzt über Türschwellen gehen, ohne zu stolpern. Zieht das Kabel von einem Gerät raus und versucht, es an der richtigen Stelle wieder einzustecken.

14.08.07: Sein 10. Zahn bricht durch. Mein Mann sagt ihm, wir gehen zur Tick-Tack-Uhr, mein Sohn läuft in das richtige Zimmer, wo die Uhr an der Wand hängt.

15.08.07: Wirft ein Kissen hinunter, hebt es wieder auf, als ich es ihm sage. Hält keinen Mittagsschlaf, geht um 21.00 ins Bett.

16.08.07: Isst mit Begeisterung Linseneintopf.

17.08.07: 22.30 und mein Sohn ist immer noch nicht müde. Ich gehe ins Schlafzimmer mit ihm. Er will spielen und rumlaufen. Ich stecke ihn in sein Bett, er schreit, ich nehme ihn raus und beruhige ihn. Dann wieder rein ins Bett. Ich erkläre ihm, dass es Schlafenszeit ist und ich aufs WC gehe. Erst schreit er, dann legt er sich von allein hin, spielt noch etwas und schläft ein. Schläft in dieser Nacht sieben Stunden am Stück. Von diesem Tag an lege ich ihn abends immer ohne direkt vorher zu stillen hin, da ich das Stillen und das Einschlafen voneinander koppeln will. Meistens schläft er kurz danach ein. Selbstverständlich hatte ich auch immer wieder Rückfälle, wo mein Sohn ständig aus dem Bett auf meinen Arm oder spielen wollte. Im Nachhinein hat sich dann aber meist rausgestellt, dass es ihm einfach nicht so gut ging und er deshalb bei mir sein wollte.
Ich gebe ihm Schüssel, Plastikgabel und –löffel zum Spielen, um ihn langsam dazu zu bringen, selbst zu essen. Eine seiner neuen Lieblingsbeschäftigungen ist, Türen zumachen, ist ganz egal, ob jemand eingequetscht wird dabei, meistens ich. Nimmt das erste Mal ein Brötchen selbst in die Hand und beißt ab, danach steckt er es in die Bäckertüte zurück und holt es wieder raus, um weiterzuessen.

Tipp: Wie Sie bestimmt gemerkt haben, war mein Sohn bereits 14 Monate, als er das erste Mal ohne Einschlafhilfe Mama eingeschlafen ist. Es gibt natürlich auch Kinder, wo es bereits mit ein paar Monaten klappt. Meist sind es ja immer die anderen Kinder, die prima durchschlafen und schön früh ins Bett gehen, damit die Eltern ihre Ruhe haben. Ich denke, dass jedes Kind seinen eigenen Schlafrhythmus erst finden muss und alles nur eine Frage der Zeit ist, konsequente Mütter dies aber beschleunigen können.
Genauso gibt es keine festen Regeln, ab wann ein Kind selbst essen können muss. Einfach immer wieder probieren. Wenn Ihr Kind nicht will, füttern Sie, irgendwann ist die Motorik und das

Interesse da, selbst zu essen. Kinder, die später anfangen, machen vielleicht nicht so viel Sauerei beim Essen.

18.08.07: Wir grillen, er isst Nudelsalat, Fleisch und Würstchen.

19.08.07: Holt zwei Dosen aus dem Regal und stellt sie an die richtige Stelle zurück. Hat angefangen, seine in Milch eingeweichten Zwiebackstücke mit der Gabel aufzupicken, klappt natürlich nicht immer. Sitzt beim Mittagessen auf Papas Schoß und schiebt mit der Gabel Nudeln vom Teller, es landen aber auch ein paar in seinem Mund. Ich zeige ihm, wie er seine Stofftiere füttern kann. Spitzt jetzt immer den Mund und sagt „oh".
Das Baden in der Badewanne wird gefährlich, weil er immer versucht aufzustehen.

20.08.07: Weiß jetzt, wie man Dosen aufmacht und räumt den Inhalt, meine Ohrringe, mit Begeisterung aus. Die Dosen mit kritischen Kleinteilen räume ich weg. Jetzt kommt er noch auf die Idee, Dosen so lang nach hinten zu verschieben, bis sie aus dem Regal fallen. Wenn mein Sohn Unfug macht, kündige ich immer nach der 2. Mahnung an, dass er in den Laufstall kommt. Er versteht im „Strafvollzug" auch, dass er etwas angestellt hat.

21.08.07: Wirft jetzt regelmäßig Dinge ins Waschbecken in der Küche. Isst Spinat mit Spiegelei zu Mittag. Ich lasse ihn wieder selbst probieren, es landet natürlich ein Teil auf dem Boden. Abends isst er Nudelsalat, spießt einen Teil selbst auf mit seiner Gabel.

22.08.07: Schläft sechs Stunden in seinem eigenen Bett bis 5.00. Wird gestillt, dann stehen wir auf. Frühstückt mit mir Apfel und darf von meinem selbst gebackenen Kuchen probieren. Mein Sohn war es von Anfang an gewohnt, im Laufstall zu spielen, bis ich morgens geduscht und gefrühstückt hatte. Nachmittags sind wir auf dem Spielplatz. Abends lässt er sich ohne Murren um 21.00 ins Bett legen, was für mein Kind recht früh ist, andere Kinder gehen schon zwischen 18.00 und 20.00 ins Bett.

23.08.07: Seine neue Lieblingsbeschäftigung ist, Schuhe rauswerfen, wenn ich die Haustür kurz offen stehen lasse, um Müll wegzubringen. Isst zum Abendbrot fast ein ganzes

Knäckebrot mit Butter, Schinken und Käse. Hat auch angefangen, Dinge die Treppe runter zu werfen. Ich ermahne ihn jedes Mal, an der Treppe oben stehen zu bleiben. Er folgt auch.

26.08.07: Ich mache ihm drei <u>Schlüssel</u>, die wir nicht mehr brauchen, an einen Anhänger ran. Er probiert mit Begeisterung seine Schlüssel an Schlössern aus.

Tipp: <u>Schlüssel</u> sind ein sehr beliebtes Spielzeug. Mein Sohn findet überall ein Loch, wo er einen Schlüssel reinstecken kann. Es geht auch recht schnell, dass Kinder auf- und zuschließen können, wenn der Schlüssel steckt.

27.08.07: Bekommt einen Arzt- und einen Werkzeugkoffer geschenkt. Ist zwar erst ab drei Jahren, aber mein Sohn spielt trotzdem schon damit. Die Bohrmaschine ist das Lieblingsstück bei allen kleinen Jungen, die zu Besuch kommen. Wirft eine Taschenlampe in den Laufstall, weil er nicht mehr rankommt, zieht er an der Decke, bis er nach der Taschenlampe greifen kann.

Tipp: Mit <u>geeignetem Spielzeug</u> kann man Kindern spielerisch zeigen, wie man mit Werkzeug umgeht, was beim Arzt geschieht, etc. Manche Kinder sind wirklich <u>kreativ</u> und können sich recht lange mit teilweise sehr einfachen Dingen wie einer Paketschnur beschäftigen. Lassen Sie Ihr Kind auch mal <u>allein spielen</u>, oft braucht es nur eine Anregung von Ihrer Seite und es fängt an, sich zu beschäftigen.

28.08.07: Läuft jetzt immer mit seinen beiden neuen Koffern rum. Der Hammer ist sein Lieblingsstück, da ihm das Geräusch der Bohrmaschine noch etwas unheimlich ist.

29.08.07: Isst mittlerweile Apfel, Birne, Pfirsich, Pflaume. Nur noch dreimal am Tag zu stillen, klappt einwandfrei, da mein Sohn gut isst und trinkt.

04.09.07: Schläft das erste Mal neun Stunden am Stück, bisher waren es maximal acht Stunden. Sein <u>11. Zahn</u> bricht durch. Sein Vater bringt eine Arbeitstasche mit Klettverschluss mit. Mein Sohn öffnet diese sofort und räumt die Tasche aus.

05.09.07: Schläft momentan bis ca. 7.00 und nachmittags ca. zwei Stunden. Ist wieder mit meinem Wischmopp unterwegs. Hat angefangen, Dinge hinter sich herzuziehen.

09.09.07: Fängt an, mit Bauklötzen zu bauen und die Eimer in der Gegend rumzutragen.

10.09.07: Wir besuchen das erste Mal eine Spielegruppe beim Deutschen Roten Kreuz. Gefällt uns sehr gut, da die Leiterin sehr kreativ ist. Als ich erwähne, dass mein Sohn gerne putzt, kommt natürlich gleich eine Anfrage, ob ich ihn ausleihe. Kommt natürlich nicht in Frage.

11.09.07: Hebt jetzt mit dem Pinzettengriff Krümel vom Boden auf.

12.09.07: Läuft das erste Mal schön brav an meiner Hand, als wir im Einkaufscenter sind. Diese brave Phase dauert allerdings nicht sehr lang. Ziemlich schnell laufen die Kinder überall hin, wo sie etwas Interessantes sehen.

13.09.07: Wir gehen das erste Mal in den Musikunterricht. Singen, tanzen, klatschen, Instrumente anhören gefällt ihm sehr gut. Hat angefangen zu kritzeln. Erhält deshalb eine magnetische Zaubertafel zum Malen. Macht jetzt immer den Schalter an der Steckdosenleiste ein und aus. Hat angefangen CDs aus der Hülle zu nehmen und in die Papphüllen zu beißen.

Tipp: Da man nicht wissen kann, welche verborgenen Talente oder Begabungen ein Kind hat, finde ich es wichtig, möglichst viel anzubieten und einfach zu schauen, woran das Kind Spaß hat. Musik ist auch ideal zum Sprechen lernen, manche Texte werden sogar von Logopäden bei Sprachfehlern verwendet. Spätestens, wenn Ihr Kind sich für Steckdosen interessiert, sollten diese natürlich gesichert sein. Ich habe mir außerdem angewöhnt, den Stecker bei Geräten immer nur dann einzustecken, wenn ich sie benutze, damit mein Sohn sich nicht mit Reißwolf, Mixer, etc. verletzen kann. Es hat allerdings nicht lange gedauert, bis er gewußt hat, dass man den Stecker in die Dose machen muss, damit ein Gerät funktioniert. Hierfür gibt es spezielle Kindersicherungen, die man nur mit Stecker aus der Dose rausbekommt.

15.09.07: Stellt sich im Bad auf die Wäschetruhe, um an Dinge ranzukommen. Krabbelt zu mir auf den Schoß und schläft ein. Das hat er bisher noch nie gemacht.

16.09.07: Wir stehen momentan morgens zwischen 6.00 und 7.00 auf, gehen abends aber erst zwischen 21.00 und 22.00 ins Bett. Ich wünsche Ihnen natürlich ein Kind, das mehr schläft als meins. Abends lege ich ihn hin und verlasse den Raum, er schläft allein ein und ich decke ihn nur noch zu und lösche das Licht. Das war eine Premiere. Irgendwann klappt halt auch das Einschlafen.

Tipp: Zwischendurch hat mein Sohn auch heute noch immer Phasen, wo er leichter schläft, sich nicht <u>zudecken</u> lässt und gleich wieder wach ist, wenn ich es versuche. Ich lasse ihn dann einfach und decke ihn erst nach 10 Minuten zu. Wenn er gleich schläft und sich zudecken lässt, mache ich natürlich sofort das <u>Licht</u> aus. Kinder sollten nicht daran gewöhnt werden, dass beim Einschlafen immer Licht brennt.

21.09.07: Weiß genau, welche Fenster ich beim Lüften aufmache und kann darauf zeigen. Wirft Dinge selbst in den Mülleimer, manchmal natürlich auch etwas, was nicht hineingehört.

Tipp: Kontrollieren Sie den <u>Müll</u>, bevor Sie ihn endgültig entsorgen.

26.09.07: Nach dem Duschen bitte ich meinen Sohn aus Spaß um mein Handtuch, er reicht es mir tatsächlich. Von da an darf er das immer tun. Sein Papa ist ganz begeistert von diesem Service. Eine Zeitlang ist es allerdings auch passiert, dass er das Handtuch zu früh in die Wanne wirft. Wenn ich Musik einlege, kommt er, streckt die Arme hoch und will tanzen. Er bewegt sich auch allein zu Musik. Hat angefangen, mit dem Mund eine Schnute zu machen. Er spielt gern mit Schlüsseln und steckt sie ins Schloss. Kann Licht ein und aus machen, wenn man ihn an den Schalter läßt. Man merkt, dass er kein Baby mehr ist, sein Gesicht hat Ausdruck bekommen.

29.09.07: Sein <u>12. Zahn</u> bricht durch. Zum Frühstück isst er jetzt auch gerne Trauben. Probiert das erste Mal

Heringsbrötchen und mittags Bratkartoffeln mit Spiegelei. Eier isst er besonders gern.

02.10.07: Spielt eine kleine Melodie auf seinem Kinderklavier. Ich verschicke regelmäßig Bilder von meinem Sohn per E-Mail an Verwandte, Freunde, Arbeitskollegen. Besonders oft sind Bilder dabei, wo er putzt. Selbstverständlich werden alle Anfragen, ob man ihn sich ausleihen kann, abgelehnt, bei uns gibt es genug zu tun.

Tipp: <u>Bilder</u> zu verschicken ist eine nette Art, <u>Kontakte</u> zu <u>pflegen</u>. Bei Kinderbildern gibt es oft viel zu lachen. Ich habe immer noch entsprechende Kommentare dazugeschrieben und bei der Gelegenheit eingeladen, zum Geburtstag gratuliert, mich noch einmal für Geschenke für meinen Sohn bedankt, frohe Festtage gewünscht oder mich erkundigt, was bei meiner Arbeitsstelle läuft. Leute, die auf eine solche E-Mail nicht reagieren, kann man bedenkenlos aus dem Verteiler streichen und den Kontakt per Telefon fortsetzen oder beenden.

03.10.07: Hat plötzlich ein Stück Brötchen in der Hand. Muss er am Vortag versteckt haben, ohne dass ich es gemerkt habe. Holt selbst Kehrschaufel und Handfeger raus.

Tipp: Versuchen Sie, einen <u>festen Platz zum Essen</u> einzuhalten. Idealerweise am Eß- oder Küchentisch. Grenzen Sie den Bereich, wo Ihr Kind allein essen darf, ein, z. B. nur in der Küche, wo in der Regel am häufigsten gefegt und geputzt wird. Wenn Ihr Kind mit Essen durch die ganze Wohnung darf, könnte es irgendwann mal riechen, weil ein Stück Wurst unter dem Bett vermodert. Außerdem freuen sich Küchenschaben, wenn sie immer Nahrung finden, weil Sie etwas übersehen haben.

06.10.07: Ist auf der einen Seite selbständig geworden, entfernt sich auch von mir statt in meiner Nähe zu bleiben, z. B. auf dem Spielplatz, dafür hat er Zeiten, wo er zum Kuscheln kommt. Baut gern Türme. Dreht einen Rollcontainer um, schiebt ihn vor den Küchenschrank, macht die Schublade auf und räumt Besteck aus.

10.10.07: Versteckt immer öfter Dinge in Behältern, Dosen, hinter Büchern, Möbeln. Die Flasche und Schnabeltasse, die ich ihm gekauft habe, damit er mehr selbständig trinkt, verwendet er nicht, trinkt lieber aus dem Becher. Hat unsere Backofentür ausgeleiert, weil er sich immer wieder auf die Tür gesetzt und die Federung getestet hat durch Auf- und Zuknallen. Hat angefangen, seine Socken auszuziehen, um die Fussel zwischen den Zehen zu entfernen. Öffnet Schubladen, holt Schuhe raus und versucht, sie anzuziehen.

Tipp: Wenn Ihr Kind schon gut aus dem <u>Becher</u> trinkt, lohnt es sich meistens nicht, Flaschen, Trinklernbecher oder Schnabeltassen zu kaufen. Der Nachteil dabei ist nur, dass Sie beim Trinken dabeisein müssen, da Kinder gerne ausschütten.

14.10.07: Wenn er Knäckebrot isst, hält er uns großzügig das Brot zum Abbeißen hin, Kuchen isst er aber allein.

15.10.07: Dreht die Baggerschaufel immer nach unten, bevor er mit dem Bagger losfährt. Das Beladen des Baggers kommt erst später. Mein Mann genießt es, dass unser Sohn ruhig spielt und merkt deshalb zu spät, dass er mit der Butter beschäftigt ist, rein und raus aus der Dose. Die Butter konnten wir nur noch wegwerfen und saubermachen.

Tipp: Schauen Sie immer nach Ihrem Kind, wenn es <u>ruhig</u> ist. Meistens stellt es gerade etwas an und will nicht erwischt werden. Das scheint wirklich bei allen Kindern so zu sein.

17.10.07: Ist ganz begeistert im Bus, als er eine Frau mit einem Einkaufskorb mit Bananen sieht. Die nette Dame gibt ihm eine. Als wir an der Schranke auf den Zug warten, ist er ganz aus dem Häuschen, weil in der Nähe ein echter Bagger steht. Der Mutter hinter mir ergeht es ebenso mit ihrem Sohn. Der Baggerfahrer lacht, weil er solche Reaktionen von kleinen Jungen gewohnt ist. Hält die Schlägel beim Xylophon und bei der Trommel immer falsch herum. Schreit, wenn ihm etwas nicht passt. Wir gehen spazieren. Als er nicht mehr sitzen will, lasse ich ihn selbst laufen. Er geht natürlich in jeden Weg hinein, läuft immer in die andere Richtung, fällt in Brennnesseln und kann auf einem hügeligen Acker nicht mehr aufstehen, da er in einem Loch gelandet ist. Wenn Ihr Kind selbst laufen will, brauchen Sie sehr viel Zeit und Geduld.

20.10.07: Als ein Anruf für meinen Mann kommt und ich ihn holen muss, nimmt mein Sohn den Hörer und brabbelt mit dem Gesprächsteilnehmer.

23.10.07: Klettert regelmäßig auf Kisten, Wäschekörbe, etc., um irgendwo ranzukommen. Räumt Teppiche weg, damit seine Fahrzeuge besser fahren auf dem Boden. Hilft mir beim Aufräumen und wirft Bauklötze in den Eimer zurück.

Tipp: Versuchen Sie von Anfang an, Ihr Kind beim Aufräumen helfen zu lassen, damit es zur Selbstverständlichkeit nach dem Spielen wird.

26.10.07: Trinkt das erste Mal allein aus dem Becher, geht sogar einhändig. Versucht mit dem Besenstiel Dinge aus dem Regal zu werfen.

27.10.07: Versucht, in die Stiefel seines Vaters zu steigen. Läuft eine Zeitlang mit Papas Hausschuh am Fuß in der Gegend herum.

02.11.07: Bis vor Kurzem ist er noch zu seinem Hochstuhl gelaufen, wenn es Essen gab, jetzt sitzt er lieber auf einem richtigen Stuhl. Als wir den Hochstuhl dann umgebaut haben, ohne Tischchen vorn, saß er dann doch wieder gern drin. Für den Eßzimmerstuhl habe ich dann einen Autositz gekauft, damit er höher sitzt und überall rankommt. Auf die Idee kam ich, als ich bei einer Freundin zum Frühstück eingeladen war und mein Sohn dort auf einem Stuhl mit rechteckigem hohen Kissen saß. Er saß während dem Frühstück ganz brav da und hat Wurst, Brezel und Brötchen gegessen.

Klettert jetzt regelmäßig auf einen Stuhl, dann auf den Tisch, wirft dann Dinge vom Tisch herunter oder leert die Gießkanne auf dem Fenstersims aus. Sobald Ihr Kind auf Stühle und Tische klettert, sind Sie natürlich gefordert, da man Kinder dann nicht mehr allein lassen kann. Wie bereits erwähnt, habe ich meinen Sohn dann zur Sicherheit in den Laufstall gestellt, wenn ich mal nicht schauen konnte. Hilft beim Tischdecken und holt Teller und Besteck aus dem Schrank.

04.11.07: Klettert jetzt regelmäßig auf den Stuhl, dann auf den Tisch, dann auf den Fenstersims und klatscht gegen die Scheibe. Eine Fenstersicherung ist natürlich eine große Hilfe.

05.11.07: Wird seit einiger Zeit nur noch morgens und abends gestillt. Deshalb schläft er tagsüber oft nicht. Heute hat es allerdings geklappt, dass ich ihn zum Mittagsschlaf hinlegen konnte. Auf dem Wickeltisch holt er sich jetzt immer das Babyöl oder die Salbe, mit den Zähnen bekommt er den Deckel auf und leert Öl aus bzw. drückt Salbe aus der Tube.

06.11.07: Wir stehen das erste Mal ohne Stillen auf. Klappt ohne Schreien, er kriegt natürlich gleich sein Frühstück. Ich lege ihn jetzt immer nach dem Mittagessen hin. Trinkt das erste Mal ungesüßten Tee.

07.11.07: Beim Einkaufen verlangt er durch Schreien sofort nach seinem Laugenbrötchen, als er sieht, dass ich beim Bäcker welche gekauft habe. Beim Metzger gibt er mir das Brötchen und verlangt nach Wurst. Die Verkäuferin versteht auch gleich und reicht uns eine Scheibe.

09.11.07: Sagt das erste Mal richtig „Mama" zu mir. Isst das erste Mal richtig aus seinem eigenen Teller. Winkt jetzt immer, wenn jemand geht. Winkt auch, wenn er ins Bett geht. Versteckt sich gern hinter der Gardine.

Tipp: Sobald Ihr Kind das <u>erste Wort</u> gesprochen hat, meistens „Mama", kommen regelmäßig neue Worte dazu. Für mich gehören „<u>danke</u>, <u>bitte</u> und <u>Entschuldigung</u>" zum <u>Grundvokabular</u>, dem kleinen Einmaleins von gutem <u>Benehmen</u>. Man kann gar nicht früh genug anfangen, Kindern beizubringen, um etwas zu bitten, sich zu bedanken oder entschuldigen. Das geht mit einem einfachen Spiel, indem man ein Spielzeug gibt und nimmt und dabei immer bitte und danke sagt. Leider wird auf gutes Benehmen heute nicht mehr so viel Wert gelegt wie früher.

10.11.07: Schläft meistens acht Stunden durch in der Nacht. Ich muss jetzt allerdings zwischen 6.00 und 7.00 mit ihm aufstehen, seit er morgens nicht mehr und nur noch einmal am Tag abends gestillt wird.

13.11.07: Sitzt in der Küche beim Essen auf seinem Hochstuhl. Im Wohnzimmer auf einem Stuhl mit Autositz

14.11.07: Sagt das erste Mal „Papa". Der wird aber auch noch eine Zeitlang mit Mama angeredet. Mama bedeutet oft nur „Mensch" und wird auch bei anderen Frauen verwendet.

15.11.07: Wir gehen in ein neues Schwimmbad mit ihm. Am Anfang ist alles neu und ungewohnt für ihn, dann planscht er mit Freude im Becken. Wichtig ist ein Bademantel oder -poncho, damit Ihr Kind nicht friert, wenn es aus dem Wasser kommt.

18.11.07: Schläft das erste Mal zehn Stunden am Stück. Ich kaufe eine Handpuppe für ihn. Er ist total begeistert, wenn ich etwas vorspiele und steckt auch schnell seine eigene Hand in die Puppe. Hat angefangen, sich gern in Ecken zu verstecken und Fangen zu spielen. Er kann ganz schön schnell rennen und geht im Nu die Treppe hinauf. Ist sehr ungeduldig und schreit, wenn es nicht gleich klappt, wie er will.

20.11.07: Putzt sich jetzt mit Zahnpasta die Zähne. Wenn ich mir selbst die Zähne putze, rennt er ins Bad und will seine eigene Bürste, um ebenfalls die Zähne zu putzen. Hält seine Zahnbürste unter den laufenden Wasserhahn. Schreit, wenn ich ihm die Zahnbürste wieder wegnehme.

22.11.07: Sagt „aua", wenn etwas weh tut. Trinkt jetzt einen ganzen Becher Milch morgens, natürlich nicht auf einen Zug. Räumt mit seinem Freund eine Bücherkiste aus, dann zeigen sie sich gegenseitig Bücher und rufen „da". Ist ein richtiger Klammeraffe geworden, der mich mit Armen und Beinen umarmt und den Kopf auf meine Schulter legt.

24.11.07: Isst jetzt auch Äpfel mit Schale und trinkt Fenchel- oder Kräutertee statt Milch zum Frühstück. Bekommt jetzt leider auch den Drehknauf von meinem Kleiderschrank auf. Ich sichere den Schrank mit einer Kordel, die ich um die beiden Knaufe binde.

27.11.07: Mein Mann sucht morgens Mütze und Handschuhe. Ich finde sie im Trockner. Unser Sohn hatte sie am Abend vorher unbeobachtet in die Waschmaschine getan, so dass sie ungeplant mitgewaschen und getrocknet wurden. Kann jetzt auch einen Kugelschreiber auseinander nehmen. Er hat einen Schal mit einem Hundekopf und passendem Rucksack und ist so begeistert von den Hunden, dass ich ihm einen kleinen Stoffhund kaufe. Es ist das erste Stofftier, für das er sich wirklich interessiert und das von nun an überall dabei sein muss beim Schlafen, Essen, Spielen.

Da unser Kühlschrank kaputt ist, haben wir vorübergehend als Ersatz einen kleinen Campingkühlschrank, fast genauso hoch wie mein Sohn. Der öffnet ihn ständig und holt Milch und Marmelade raus.

29.11.07: Der Kinderarzt stellt einen leichten Magen-Darm-Virus fest. Er wird auf Diät gesetzt, keine Milch, keine Süßigkeiten. Interessanterweise hat mein Sohn in dieser Zeit von sich aus lieber Reiswaffeln als Kuchen gegessen, nur die Milch wollte er trotzdem, hat dann dafür Tee bekommen, bis es ihm wieder gut ging. Abends verstellt mein Sohn die Waschmaschine auf 95°, seine neue Mütze geht ein und ein paar Dinge verfärben sich.

01.12.07: Wir gehen auf eine Tierausstellung mit Kaninchen und Hühnern. Für ihn sind alle Tiere „Wauwas". Abends sitzen wir zusammen auf der Couch. Erst sagt mein Sohn „Mama" zu mir, dann zeigt er auf seinen Vater und sagt „Papa".

02.12.07: Ich backe Muffins für die Spielegruppe und stelle die Klickbox mit den Muffins ins Regal. Mein Sohn geht ans Regal, holt die Box, öffnet sie und isst einen Muffin. Wirft unaufgefordert ein gebrauchtes Taschentuch in den Mülleimer. Ruft jetzt immer laut „Mama".

06.12.07: Sieht zum ersten Mal einen verkleideten Weihnachtsmann und schreit. Der Brotmann schmeckt ihm ausgezeichnet.

08.12.07: Pustet das erste Mal beim Essen, weil es noch heiß ist, und isst dann schön.

09.12.07: Wir gehen in die Kirche. Er klatscht, als die Orgel aufhört zu spielen. Hat angefangen zu schnalzen. Sagt „Schlissel" für Schlüssel. Zeigt auf sich selbst und sagt „Papa".

10.12.07: Macht Lampen selbst ein und aus am Knipsschalter. Seit mein Sohn einmal gesehen hat, wie ich einen Schrank mit Lamellen aufmache, kriegt er ihn auch auf, so dass wir die Knaufe wieder anschrauben und mit einer Kordel sichern. Lehnt die Tür von seinem Laufgitter immer an beim Rein- und Rausgehen. Isst das erste Mal Lachs. Ist ein richtiger Butterfan, der die Butter vom Brot schleckt. Das Brot wird nicht immer fertig gegessen, die Butter schon. Isst auch gerne Vollkornbrot.

11.12.07: Sagt das erste Mal „Apfel". Er bekommt ein Dreirad, da er noch nicht an die Pedale kommt, lässt er sich mit Begeisterung hin- und herschieben.

12.12.07: Da ihm in der Spielegruppe ein Bällebad gefallen hat, habe ich ihm eine Burg mit 100 Bällen gekauft. Es macht ihm sehr viel Spaß, die Bälle aus der Burg zu werfen.

13.12.07: Bohrt in der Nase, ich weiß nicht, wo er das gesehen haben könnte. Diese Phase macht wohl jedes Kind mit. Steigt selbst auf sein Dreirad.

14.12.07: Sein 13. und 14. Zahn brechen durch. Sagt das erste Mal „Affe".

15.12.07: Zieht beim Baden selbst den Stöpsel und steckt ihn wieder rein. Da er keinen Mittagsschlaf gemacht hat, schläft er beim Schaukeln ein. Sagt das erste Mal „Licht an". Lässt das erste Mal seine Handschuhe an, bisher hat er sie immer sofort wieder ausgezogen. Es ist allerdings auch 3° Minus.
Sagt das erste Mal „Klingel", weil ich eine Klingel an sein Dreirad mache. Er merkt auch sehr schnell, wie die Klingel funktioniert. Kann ein Schwein nachmachen. Weiß, wo die Nase ist und zeigt auf seine oder die eines anderen.

16.12.07: Isst fast ein ganzes Heringsbrötchen. Sagt das erste Mal „Milch" und „Baby".
17.12.07: Weiß jetzt auch, wie man den Computer anmacht, Steckdosenleiste und Konsole. Laufwerke auf und zu ist auch kein Problem.

18.12.07: Steckt eine Kundenkarte durch einen Schlitz beim Filter des Trockners. Erhält drei kleine Autos zum Spielen. Die, wo er die Reifen abbeißt, nehme ich wieder weg, bis er größer ist. Sagt jetzt auch „Auto".

20.12.07: Ich schmücke den Weihnachtsbaum. Mein Sohn ist ganz begeistert von den Glocken, die ich aufhänge. Ist ständig unterwegs mit seinen Autos, macht die Türen auf und zu. Macht jetzt „ei", streichelt und gibt Küßchen. Isst besonders gerne Maultaschen. Das Gemüse kommt zurück in den Teller und die Maultaschen werden gegessen. Kann bei seinem Werkzeugkoffer jetzt die Dübel in die Löcher machen und trifft mit der Bohrmaschine ins Loch. Hilft mir Wäsche aus der Waschmaschine in den Wäschekorb und dann in den Trockner zu tun.

21.12.07: Erhält ein Laufrad mit 4 Rädern (ohne Pedale). In kürzester Zeit rast er damit durch die Wohnung. Setzt sich mittlerweile selbst an den Computer, tippt und bedient die Maus. Interessiert sich jetzt auch richtig für Anhänger, hängt sie ans Fahrzeug und belädt sie. Allerdings bekommt er am Anfang immer Wutanfälle, wenn der Anhänger wieder abgeht. Nach ein paar Tagen, weiß er, wie der Anhänger wieder eingehängt werden kann. Ich habe angefangen Bildwörterbücher mit ihm anzuschauen. Sagt „Dodil" für Krokodil. Stellt sich selbst auf die Waage.

23.12.07: Sagt das erste mal richtig „nein". Man merkt, dass Kinder schnell ihren eigenen Willen haben und dies mit diesem Wort deutlich zum Ausdruck bringen. Sagt jetzt auch „Licht aus" und „Tee".

24.12.07: Um 15.00 gehen wir in die Kirche, mein Sohn hält dort seinen Mittagsschlaf und schläft zu Hause weiter bis nach 18.00, dafür hält er abends bis 23.00 aus. Es ist der erste Tag, wo ich gar nicht stille. Hat sich so ergeben, weil er durch die andere Umgebung, die Geschenke, etc. abgelenkt war. Sagt das erste Mal „Oma".

25.12.07: Sagt das erste Mal „mäh", als er ein Schaf in der Hand hält. Wir lassen ihn die letzten Geschenke auspacken, alles auf einen Schlag wäre zu viel gewesen. Er spielt mit Begeisterung mit seinem neuen Geschirr.

26.12.07: Neues Wort „Buddah", da ich welche im Regal stehen habe.

27.12.07: Holt sich einen Hocker, um besser die Fische in Papas Aquarien beobachten zu können.

28.12.07: Gibt seinem Patenonkel zum Abschied die Hand.

29.12.07: Sitzt auf dem Sesselhocker, lässt die Beine baumeln, klatscht zur Musik und lässt sich vorwärts runterrutschen statt wie gewohnt rückwärts.

30.12.07: Zieht sich selbst seine Mützen an, sieht aus wie ein Wurzelsepp oder Robin Hood.

31.12.07: Isst das erste Mal Fleischfondue. Durch die Knaller um Mitternacht ist er im neuen Jahr gleich putzmunter.

Tipp: Mein Sohn isst mittlerweile alles mit, es gibt kein separates Essen für ihn. Frisch zu <u>kochen</u> ist gar nicht so schwer oder zeitraubend. Mein Standardessen ist Suppe oder Eintopf:
- 1 Zwiebel und 1 Knoblauchzehe und evtl. frisches Gemüse andünsten
- Gemüsebrühe, Suppengewürz, Kräuter, Curry und Paprika in 1 l Wasser auflösen und zum Kochen bringen
- Gemüse aus dem Glas, der Dose oder tiefgefroren dazu, sofern Sie kein frisches haben
- zum Schluß Nudeln, Schupfnudeln, Gnocchi, Tortellini, Maultaschen oder Reis dazu

Reicht mir meistens 2 Tage und wenn Sie beim Gemüse und den Teigwaren variieren, wird es auch nicht langweilig. Mein Sohn ist ein totaler Maultaschenfan (aber nur 1 bestimmte Sorte).

Denken Sie immer daran, Sie sind <u>Vorbild</u> für Ihr Kind und leben vor, was Ihnen wichtig ist.
- „bitte" sagen, wenn Ihr Kind etwas will (<u>Höflichkeit</u>)
- aufräumen nach dem Spielen (<u>Ordentlichkeit</u>)
- Hände waschen nach dem WC-Besuch (<u>Sauberkeit</u>)
- helfen im Haushalt (<u>Hilfsbereitschaft</u>)

Wenn Ihr Kind solche Dinge von Anfang an kennt, wird es zur selbstverständlichen <u>Gewohnheit</u>.

75

Nachwort

Ein wichtiges Kapitel im Leben meines Sohnes ist nun zu Ende, da in den ersten anderthalb Lebensjahren am meisten passiert. Von nun an geht es mit großen Schritten voran. Die letzten Zähne kommen und gehen für die 2. Der Wortschatz wird immer größer. Er kommt in den Kindergarten, in die Schule, macht eine Ausbildung oder studiert, ergreift einen Beruf, gründet selbst eine Familie. Ich hoffe, dass ich ihm nicht nur eine gute Mutter, sondern auch Freundin, Ratgeberin und Wegbegleiterin sein kann. Und wenn er auch weiterhin so gerne putzt und tanzt, werden die Mädels bestimmt Schlange stehen.

Mittlerweile habe ich ein 2. Kind und muss sagen, dass mir die Erfahrungen beim 1. Kind sehr geholfen haben. Meine Tochter erbt Kleidung, Spielsachen, Schuhe, etc. von ihrem Bruder. Alles, was ihr zu klein ist, wird sofort für den nächsten Basar ausgemistet. Praktisch, wenn das 1. Kind ein Junge ist, da die Farben auch für Mädchen passen. Umgekehrt ist es durch das typische Rosa bei Mädchen leider nicht möglich, die Kleidung aufzutragen. Obwohl meine Tochter nach der Geburt genauso aussah wie ihr Bruder, hat sie einen ganz anderen Charakter. Diese Unterschiede machen Menschen so interessant.

Stichwortverzeichnis

D

L

T